本番まで風邪をひかない！
元気塾弁

牧野直子

管理栄養士

女子栄養大学出版部

食べることをたいせつにする。

はじめに

「食べることをたいせつにする」。

　当たり前のことなのですが、子育ての中で大事にしてきたことのひとつです。一日3食、一か月で90食、一年では約1,000食も食事をしているわけですが、特に、子どもは脳や身体の発達が著しいとき。その一食一食が本当にたいせつです。

　小学6年生になり、夏休みは朝から夕方まで塾。昼用の弁当を持たせていましたが、勉強が長びいたある日、「お母さん、まだ、勉強したいんだけど、お腹が空いて力が出ない。お弁当、持ってきてくれる？」と電話がありました。一瞬、「めんどうくさいな、帰ってくればいいのに」と思いましたが、息子の頑張りに、おにぎりしかできなかったけれど、持って行きました。

　私にできることは、ちゃんと食べさせ、元気で風邪をひかせないで学校、そして塾に通わせ、大好きなサッカーを続けながら、息子が受験に向けて、力を発揮できるようにしてあげることだ、と再認識させられた出来事でした。そして、お弁当は一緒に食卓を囲めないお母さんからのメッセージだということも……。

　「塾弁」は6年生の夏休みから受験本番当日までに、作った数は約80個。「今日のは味が濃かった！」、「もう少しごはんは少なくていいよ」、「ごはんの弁当ばっかりじゃ飽きちゃうな」など息子の辛口コメントは、毎回の「塾弁」作りの参考になりました。そして「塾弁」を介して、わずかな時間でも会話が持てたこともよかったです。その「塾弁」が1冊の本になり、本当によい記念になりました。息子が巣立っていくときに、この本を持たせたいと思っています。

　この本は、私が息子のために作っていた「塾弁」を紹介していますが、受験をいろいろな面でサポートする忙しいお母さんが、時間をかけず、簡単にできるおかずがたくさんありますので、日ごろの食事作りにもぜひご活用ください。

　みなさまのお子さんが、元気で受験を迎えられるよう、この本がお役にたつことを祈っています。

2012年11月吉日
牧野直子

Contents

- 6　受験生には、どんなお弁当がいいの？
- 8　塾弁には、何をどれくらい詰めたらいいの？
- 10　お弁当に詰める主食、主菜、副菜の役割
- 12　弁当箱の選び方
- 14　実物大700kcalのお弁当 1
- 16　実物大700kcalのお弁当 2

Part 1　受験生におすすめの塾弁

牧野さんちの"塾弁"人気ランキング

- 20　第1位　豚カツ弁当　豚カツ＆パプリカの素揚げ、チーズ粉ふき芋、ほうれん草のお浸し、ごはん、みかん
- 22　第2位　ねぎ塩だれ焼き弁当　鶏肉のねぎ塩焼き、さつま芋のレモン煮、塩ゆで枝豆、ごはん、マンゴー
- 24　第3位　から揚げ弁当　鶏肉のから揚げ＆かぼちゃの素揚げ、大根とにんじんのなます、ゆでブロッコリー、ごはん、キウイフルーツ
- 26　第4位　しょうが焼き弁当　豚肉のしょうが焼き、アスパラののり塩あえ、キャベツコールスロー、ごはん、オレンジ

元気でやる気になる塾弁

肉が主菜のお弁当
- 28　1　チンジャオロース―弁当　チンジャオロース―、レンジ蒸しなすのポン酢あえ、粉ふき芋、ごはん、なし
- 30　2　肉巻きおにぎり弁当　肉巻きおにぎり、にんじんしりしり、セロリのサラダ、りんご
- 32　3　オクラの肉巻き弁当　オクラの肉巻き＆長芋のソテー、ミニトマト、ごはん、柿
- 34　4　塩鶏つくね弁当　塩鶏つくね、いんげんのごまみそあえ、ひじき煮、雑穀ごはん
- 36　5　麻婆豆腐弁当　麻婆豆腐、もやしのナムル、かぼちゃ煮、ごはん、グレープフルーツ

魚介が主菜のお弁当
- 38　1　サケの磯辺焼き弁当　サケの磯辺焼き、蒸しさつま芋、きゅうりの酢の物、切り干し大根煮、ごはん
- 40　2　カツオのピリ辛焼き弁当　カツオのピリ辛焼き、干しあんずのレモン煮、いんげんのピカタ、雑穀ごはん
- 42　3　エビチリ弁当　エビのチリソース煮、青梗菜の磯辺あえ、きのこの梅肉あえ、胚芽精米ごはん
- 44　4　カジキの甘酢弁当　カジキの甘酢、ゆでとうもろこし、ピーマンの塩こんぶあえ、ごはん
- 46　5　エビフライ弁当　エビフライ＆さつま芋フライ、うずらの卵、ラタトゥイユ、ごはん、グレープフルーツ

変化球のお弁当
- 48　1　ホットドッグ弁当　ホットドッグ、カップレーゼ、オレンジ
- 50　2　ビーフサンド弁当　ビーフサンド、にんじんとツナのサラダ、いちご
- 52　3　焼きそば弁当　塩焼きそば、ほうれん草のポン酢ごまあえ、パイナップル
- 54　4　オムライス弁当　オムライス、かぼちゃとレーズンのバター煮、グレープフルーツ

時間がないときのおにぎりバリエーション

- 57　豚カツおにぎり、鶏肉の照り焼きおにぎり、鶏肉のから揚げおにぎり、エビフライおにぎり
- 58　梅おかかおにぎり、サケおにぎり、おかかじょうゆおにぎり
- 59　肉そぼろおにぎり、にんじん鶏そぼろおにぎり、サバそぼろおにぎり
- 60　じょうずにプラスして栄養補給！　くだもの＆飲み物

Part 2 組み合わせ自在！ おかずバリエーション

人気ランキング おかずのバリエーション

- 64 第1位 豚カツのバリエーション ささ身のチーズはさみカツ、エビカツ
- 65 第2位 ねぎ塩だれ焼きのバリエーション 牛肉のねぎ塩焼き、卵とエビのねぎ塩いため
- 66 第3位 から揚げのバリエーション サバのから揚げ カレー風味、サケのから揚げ
- 67 第4位 しょうが焼きのバリエーション カツオのしょうが焼き、鶏肉のしょうが焼き

冷凍保存できる 作りおきおかず＆バリエーション

- 68 牛肉のしぐれ煮 アレンジ1 牛肉のトマト煮、アレンジ2 牛肉入り卵焼き
- 70 ハンバーグ アレンジ1 ハンバーガー、アレンジ2 ピザ風ハンバーグ
- 72 チキンロール アレンジ1 照り焼きチキンサンド、アレンジ2 チキンピカタ
- 74 ゆで豚 アレンジ1 ゆで豚のカリカリ焼き、アレンジ2 チャーハン

魚おかずの味つけバリエーション

- 76 ブリの照り焼き、カジキのトマト煮
- 77 サワラの西京焼き、サケのレモンマリネ

常備しておくと便利 ゆで野菜レパートリー

- 78 ブロッコリー アレンジ1 ブロッコリーのごま塩あえ、アレンジ2 ブロッコリーのチーズ焼き
- 79 ほうれん草 アレンジ1 ほうれん草ののりあえ、アレンジ2 ほうれん草とベーコンのソテー
- 80 にんじん アレンジ1 にんじんの搾菜あえ、アレンジ2 にんじんの梅肉あえ
- 81 マッシュポテト アレンジ1 マッシュポテトの明太子あえ、アレンジ2 マッシュポテトの青のりあえ

シリコンカップで作る副菜

- 82 にんじんとツナのサラダ、かぼちゃとレーズンのバター煮、ミックスビーンズのカレーマヨサラダ
- 83 ピーマンの塩こんぶあえ、白菜の甘酢あえ、きのこの梅肉あえ
- 84 きんぴら、なすのピザ風、きのこのチーズいため
- 85 切り干し大根煮、ラタトゥイユ、ひじき煮

栄養のバランスがとれる彩りおかず

- 86 竹の子のこしょういため、とうもろこしのしょうゆバター焼き
- 87 いんげんのピカタ、ねぎと油揚げの塩いため
- 88 かぼちゃ煮、青梗菜のオイスターソースいため
- 89 豆サラダ、長芋のソースいため

味つけが決まる！ 万能だれ＆おかずバリエーション

- 90 ごまみそだれ なすとピーマンのみそいため、サバのごまみそ焼き
- 92 めんつゆ 竹の子の土佐煮、卵焼き

- 94 料理索引と1人分の栄養価一覧表

本書の決まり

本書の決まり
- 本書のレシピは、特に記載のないものは、小学5〜6年生1人分を基本にしています。中には作りやすい分量で表示しているものもあります。
- 本書で使用した計量カップ・スプーンは、1カップ=200㎖、大さじ1=15㎖、小さじ1=5㎖です。
- 本書で使用した調味料の計量カップ・スプーンの重量は、カバー袖を参照してください。
- 本書では、小さじ1＝6gの塩を使いました。

受験生には、どんなお弁当がいいの？

受験日が近づいてくると、毎日塾へ通うようになり遅くまで勉強するため、お弁当を持たせる日も多くなります。風邪をひかないよう健康を管理するうえで、食事はとても重要なのもの。受験生をサポートするには、どんなお弁当がよいのか、ポイントをあげてみました。

■ 風邪をひかない体をつくる

受験勉強まっさかりの時期は、風邪が流行する時期でもあります。学校や塾には風邪をひいている子どもたちも増えるでしょうから、風邪ウイルスに対しての抵抗力を高める働きのあるビタミンCを積極的にとって、風邪がうつらない体をつくりたいものです。

ビタミンCは緑黄色野菜、芋類、くだものに多く含まれていますが、手軽にとれるという点で、みかんがおすすめです。塾弁にみかんを1個プラスするだけで、ビタミンC補給に役立ちます。

■ 疲れにくい体、よく働く頭をつくる

受験生に必要なのは、疲れが早く回復するような栄養をとって、疲れにくい体をつくることです。一日の活動で消費した分や成長に必要な分の栄養をしっかりとり、効率よくエネルギーに変換して疲労を回復する必要があります。そこで注目したいのは、体内でエネルギーをつくるのを助けるビタミンB群です。なかでもビタミンB_1は、ごはんやパンの主成分である炭水化物をエネルギーに変えるのを助け、脳が働くためのエネルギーをつくり出すのに役立つ栄

養素です。豚肉、サケなどに多く含まれているので、積極的にとるとよいでしょう。

また、脂質をエネルギーに変えるのに役立つビタミンB_2を多く含むサバ、ブリなどもおすすめです。魚の油には脳を活性化させる働きのあるDHA(ドコサヘキサエン酸)やEPA(イコサペンタエン酸)が、血合いには疲労回復に役立つタウリンも含まれているので、肉類だけでなく魚介類もとるように心がけましょう。

▌主食、主菜、副菜がそろった食べやすいお弁当に

　じょうぶな体は、栄養バランスのよい食事の積み重ねでつくられます。脳の働きにいいとか、風邪予防に有効だとかいわれる栄養素だけをとればよいというのではなく、一日に必要な栄養を、朝食、昼食、塾弁(夕食)でバランスよくとるようにメニューを考えます(栄養バランスのとり方は、8〜9ページで解説しています)。

　また塾弁は、短い休憩時間で食べることが多いので、一口で食べられるサイズにしたり、小分けして数回に分けて食べられるようにしたりと、食べやすくするくふうをすることも必要です。

塾弁には、何をどれくらい詰めたらいいの?

栄養バランスのよい塾弁にするには、何をどれくらい詰めたらよいのでしょうか?
ここでは、小学5〜6年生の一日あたりに必要な栄養の量を確認し、塾弁には、何をどれだけ詰めればよいのかを紹介します。

■ 700kcal前後を目安に、主食、主菜、副菜をそろえて

　小学5〜6年生(10〜11歳児)の一日あたりにとりたいエネルギー量は、男子2250kcal、女子2000kcalで、男女とも1食あたり約700kcal前後になります。塾弁は夕食の代わりに持っていくものなので、全体で700kcal前後になるように弁当箱を選び、主食、主菜、副菜(10ページ参照)をバランスよく詰めるようにします。
　主食、主菜、副菜のバランスは、弁当箱の半分に主食、残りの半分ずつに主菜と副菜を詰めるのが理想的です(下図参照)。

700kcalの弁当の目安
→弁当箱の選び方は12ページ参照

＜1/4が主菜＞
目安:肉や魚を70g前後
→昼食で肉をとったら魚、魚をとったら肉というように、肉、魚、豆・豆製品、卵をバランスよくとりましょう。

＜半分が主食＞
目安:ごはん200g前後
→ごはんはパンに比べて脂質が少なく、塩分がないので、ごはんを詰めるのを基本にするのがよいでしょう。

＜1/4が副菜＞
目安:野菜を100g
→一日に350g以上の野菜をとるために、朝食、昼食、塾弁それぞれで100〜120gを目安にとりましょう。

■ 栄養のバランスがわかる四群点数法

　栄養のバランスは、エネルギー量だけに注目していたのではととのいません。同じエネルギー量の食品でも、構成している栄養素はそれぞれ異なっているので、体に必要な栄養を、過不足なくとるように食品を選ぶ必要があります。

　そこで、どんな食品をどれだけとればよいのかをわかりやすく示したものが四群点数法です。四群点数法では、食品を4つのグループ（群）に分け、一日に何をどれだけ食べたらよいのかを点数で表しています。1点を80kcalとし、一日20点＝1600kcalを基本とします。小学5〜6年生の男子の場合[※]、一日26.5点＝2120kcalが目安です。以下の図になります。合計点数は、エネルギー必要量の約95％で構成しています。各人の必要に応じて適宜調整してください。

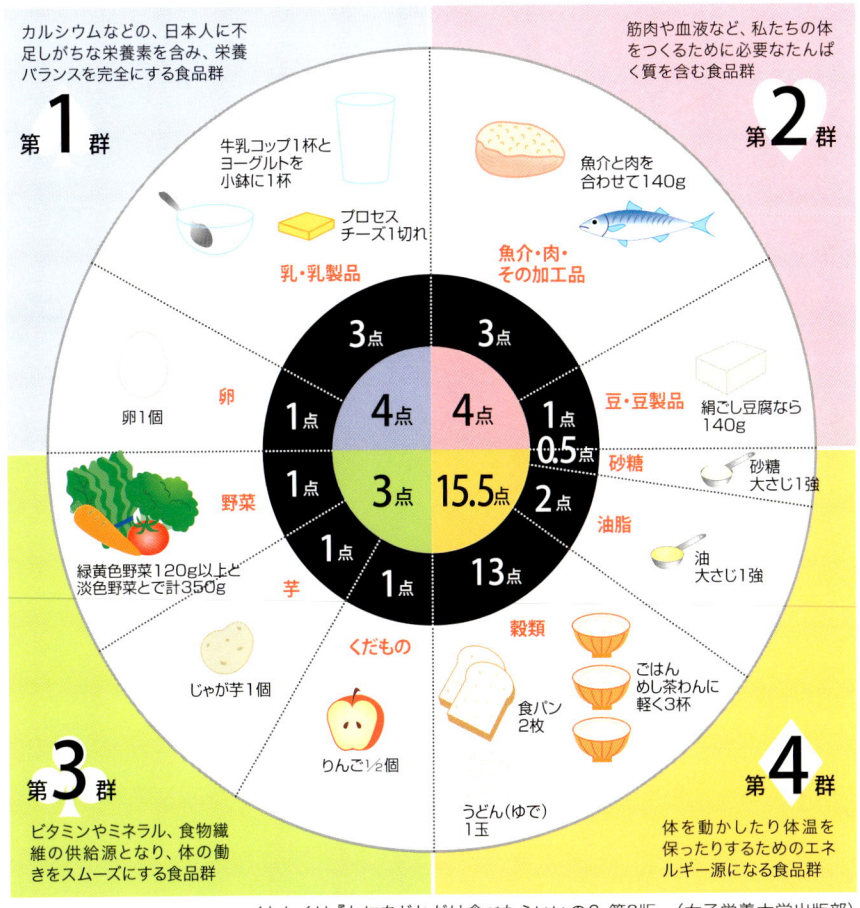

くわしくは『なにをどれだけ食べたらいいの？ 第2版』（女子栄養大学出版部）

※女子の場合、一日23.5点＝1880kcalが目安です。魚介・肉・その加工品が2点、穀類は11点になります。

お弁当に詰める主食、主菜、副菜の役割

弁当箱に主食、主菜、副菜がそろうように詰めれば、栄養のバランスも自然にととのいます。ここでは、主食、主菜、副菜とは何か、それぞれどんな役割を果たすのかを確認しましょう。

■ 主食

　主食はごはん、パン、めん類などで、おもに炭水化物を摂取するためのものです。

　炭水化物から作られる栄養素は、脳の唯一のエネルギーになるので、受験生は特に主食をしっかりとる必要があります。

　また炭水化物が不足すると、体をつくる栄養素のたんぱく質がエネルギーとして使われるので、成長期にはそれを防ぐためにも主食はたいせつです。

　ただし、炭水化物はとりすぎると体脂肪になって蓄えられてしまうので、過不足なくとるように心がけましょう。

■ 主菜

　主菜は肉、魚、豆・豆製品、卵などで作られるおかずで、おもにたんぱく質を摂取するためのものです。

　たんぱく質は、筋肉や臓器、細胞など体をつくるもとになるので、成長期の子どもには不可欠なものです。

　たんぱく質には、肉や魚、卵などに含まれる動物性たんぱく質と、豆・豆製品に含まれる植物性たんぱく質があるので、できればいろいろな食品からたんぱく質をとるようにしましょう。

　また、たんぱく質はビタミン類やミネラルの助けを借りて体をつくるもとになるので、その供給源となる副菜もしっかりとりましょう。

▍副菜

　副菜は野菜、芋、きのこ類、海藻などのおかずで、おもにビタミン類やミネラル、食物繊維を摂取するためのものです。

　ビタミン類やミネラルは体の働きを調節し、炭水化物、たんぱく質、脂質をエネルギーに変えたり、栄養の吸収をよくしたりするのに役立ちます。食物繊維は、腸内の環境をととのえる効果があります。

　野菜は一日に350ｇ以上をとるのが理想なので、1食100〜120ｇを目安に、緑黄色野菜と淡色野菜をバランスよくとりましょう。食物繊維が豊富なきのこ類も副菜におすすめです。

▍そのほか

　主食、主菜、副菜とは別に、くだものや飲み物からも栄養補給できます。くだものはビタミンCや食物繊維が豊富なので、みかんやキウイフルーツ、バナナなどのくだものをお弁当にプラスして持たせるとよいでしょう。くだもの1食分あたりのビタミンCの含有量は60ページで紹介しています。

　また飲み物も、牛乳や豆乳、野菜ジュースなどを選ぶと、ビタミン類やカルシウムが手軽に補給できます。特に給食のない夏休みや冬休みには、塾弁に牛乳やヨーグルトをプラスして、カルシウムをしっかり補給するように心がけましょう。

弁当箱の選び方

塾弁は夕食代わりになるものですから、弁当箱を選ぶときは必要な栄養がしっかりとれるよう、大きさ選びが重要です。
選ぶときのポイントを教えていただきました。

■容量700㎖前後の細長い形のものを

　塾弁は1食あたり700kcal前後になるのが理想的なので、弁当箱の大きさもそれに合わせることをおすすめします。
　弁当箱の容量は㎖単位で示されていますが、1㎖は約1kcalと考えてよいので、700㎖前後の弁当箱を選ぶとよいでしょう。また形は、かばんの底に収まりやすいように、細長いものがおすすめです。

１段でも２段でも、700㎖前後の弁当箱を選びましょう。もし２種類持つなら、600㎖前後と700㎖前後というふうに、容量に差のあるものを２つ持っていると、その日の体調に合わせて選ぶことができて便利です。

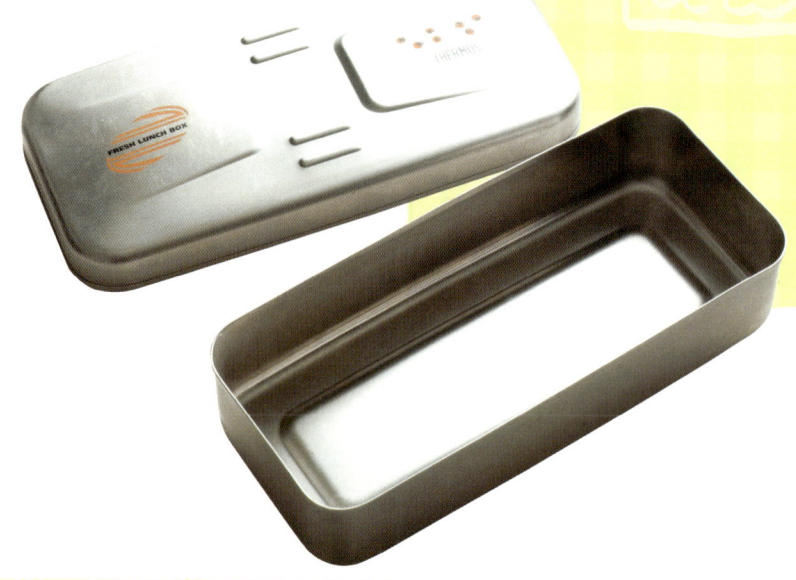

2段ものは、それぞれにふたができるものを選んでおくと、おにぎりのときなどのおかず入れに1段だけで使えるので便利です。

実物大 700kcalのお弁当

ハンバーグ (70ページ) ＋トマトケチャップ	215kcal
ラタトゥイユ (85ページ)	38kcal
マッシュポテトの青のりあえ (81ページ)	38kcal
ゆでブロッコリー (78ページ)	23kcal
ごはん (200g) ＋黒いりごま	342kcal
合計	656kcal

実物大 700kcalのお弁当

サケのから揚げ（66ページ）	185kcal
ひじき煮（85ページ）	62kcal
ほうれん草のポン酢ごまあえ（53ページ）	34kcal
うずらの水煮	18kcal
雑穀ごはん（200g）	334kcal
合計	633kcal

Part 1 受験生におすすめの塾弁

おっ。
マーボが入ってる

Oh!

> やった！
> から揚げだっ

塾弁は、勉強をがんばる子どもの体を栄養面からサポートするだけでなく、がんばる気持ちも盛り立てることができます。大好きなおかずをお弁当箱に詰めてあげれば、ふたをあけたときに「やった！」と思ってくれるはず。その「やった！」が「がんばろう！」につながる、そんな塾弁を作りましょう。

> お弁当食べて
> がんばるぞ!!

牧野さんちの"塾弁"人気ランキング

牧野さんのお宅で好評だった塾弁をあげていただきました。「このお弁当だと喜んで食べてくれた！」と実感のある、息子さんが大好きなお弁当ベスト4です。

豚カツ

RANKING 1位

第1位　豚カツ弁当　697kcal　塩分1.6g

男の子はやっぱり豚カツが大好き。受験日も豚カツ弁当でした。豚肉の中でもビタミンB_1が多い部位のヒレ肉を選びます。さめてもかたくなりにくいのもおすすめのポイントです。

豚カツのバリエ→**p.64**

ビタミンB_1が多いヒレ肉を選ぶ
豚カツ＆パプリカの素揚げ

材料
- 豚ヒレ肉……3切れ（80g）
- 塩・こしょう……各少量
- 赤パプリカ……1/16個（10g）
- 小麦粉・水……各大さじ1/2
- パン粉………………適量
- ウスターソース………適量
- 揚げ油

作り方
1. パプリカは1.5cm角に切り、170℃に熱した油で素揚げし、とり出す。
2. 豚肉はたたいて広げ、塩、こしょうをする。小麦粉と水を混ぜ合わせたものにくぐらせ、パン粉をつけ、170℃に熱した油でカリッとするまで揚げて火を通す。

豚カツ　227kcal　塩分1.0g
パプリカの素揚げ　12kcal　塩分0g

芋類は炭水化物とビタミンCがとれる
チーズ粉ふき芋

材料
- じゃが芋………1/2個（70g）
- 粉チーズ………小さじ1/2
- あらびき黒こしょう…少量

56kcal　塩分0.2g

作り方
1. じゃが芋は1～2cm角に切り、塩少量（分量外）を加えた水からゆでる。
2. 竹串がすっと通るようになったら湯を捨て、弱火にかけて水分をとばし、粉をふかせる。粉チーズを加えて全体にからめ、あらびき黒こしょうをふる。

削りガツオをまぶせば水っぽくならない
ほうれん草のお浸し

材料
- ゆでほうれん草（79ページ）‥1/4束分（80g）
- しょうゆ・だし……各小さじ1
- 削りガツオ……………少量

19kcal　塩分0.4g

作り方
1. ゆでほうれん草は3cm長さに切って水けをよく絞る。
2. しょうゆとだしを合わせ、①を加えてあえ、削りガツオを加えて混ぜ合わせる。

- ●ごはん…200g（黒ごま少量をふる）342kcal　塩分0g
- ●みかん…1個　41kcal　塩分0g

> 揚げ物はめんどうというイメージがありますが、野菜もいっしょに素揚げすれば、ひと手間で2品完成するので、効率的だと思います。パプリカやピーマン、かぼちゃなどのカラフルな野菜を揚げれば、お弁当の彩りにもなります。

ねぎ塩だれ焼き

RANKING 2位

22

第2位　ねぎ塩だれ焼き弁当　714kcal　塩分2.3g

わが家では、ねぎ塩だれで作ったおかずが大人気。このたれをまとめて作っておくと(65ページ)、肉にからめて焼いたり、野菜のあえ衣にしたりと、とても便利です。ぜひ作ってみてください。

ねぎ塩だれ焼きのバリエ→ p.65

一口大に切ると食べやすく、味もよくからむ
鶏肉のねぎ塩焼き

材料
鶏もも肉……………80g
ねぎ塩だれ ┌ ねぎのみじん切り
　　　　　│　　……大さじ1
　　　　　│ ごま油……小さじ2
　　　　　└ 塩………小さじ1/5

作り方
1 鶏もも肉は小さめの一口大に切る。
2 ねぎ塩だれの材料を合わせ、①を入れて全体にからめてしばらくおく。
3 フライパンを熱して②を入れ、両面をしっかり焼いて火を通す。

236kcal　塩分1.3g

ほんのり甘いおかずは箸(はし)休めになる
さつま芋のレモン煮

材料
さつま芋……………50g
レモンの薄切り……1枚
砂糖…………小さじ2
しょうゆ…………少量
だし………………適量

作り方
1 さつま芋は皮つきのまま5㎜厚さのいちょう切りにする。レモンもいちょう切りにする。
2 なべに①、砂糖、しょうゆを入れ、だしをひたひたになる程度に注いで火にかけ、さつま芋がやわらかくなるまで、汁けをとばしながら煮る。

94kcal　塩分0.3g

塩ゆで枝豆 … 6〜7さや　14kcal　塩分0.3g

- ごはん…200g(赤じそふりかけ少量をふる)
　338kcal　塩分0.4g
- マンゴー…50g(皮をむいて食べやすく切る)
　32kcal　塩分0g

> 鶏肉にねぎ塩だれをまぶしたものは冷凍保存ができます。まとめて作って1回分ずつ冷凍しておけば、焼く分だけを解凍して使うこともできて便利です。また、ねぎ塩だれは、ゆで野菜と合わせるとナムルになるので、副菜作りにも役立ちます。

から揚げ RANKING 3位

第3位　から揚げ弁当

711kcal　塩分1.6g

から揚げをわざわざ塾弁のためにだけ作るのではなく、家族の夕食分もいっしょに作りましょう。お弁当用にはさめてもおいしいように、下味をしっかりつけるのがコツ。

から揚げのバリエ→p.66

いつ作っても喜ばれる定番の大人気おかず
鶏肉のから揚げ＆かぼちゃの素揚げ

材料(作りやすい分量・4食分)
- 鶏もも肉……………300g
- 下味
  - しょうゆ…大さじ1½
  - 酒……………大さじ1
  - しょうが汁…小さじ1
  - おろしにんにく…少量
- かたくり粉……………適量
- かぼちゃ………………200g
- 揚げ油

作り方
1. 鶏肉は一口大に切り、下味につけて10分以上おく。
2. かぼちゃはいちょう切りにし、170℃に熱した油で素揚げし、とり出す。
3. ①にかたくり粉をまぶし、170℃に熱した油で3〜4分、カラッとするまで揚げる。お弁当には¼量(3個)入れる。

鶏肉のから揚げ(1食分)　275kcal　塩分1.1g
かぼちゃの素揚げ(1食分)　78kcal　塩分0g

市販のすし酢を使えば味つけも簡単
大根とにんじんのなます

材料
- 大根……………………30g
- にんじん………………20g
- あえ衣
  - すし酢(市販品)…………小さじ1
  - いり白ごま…小さじ¼
  - ごま油……………少量

作り方
1. 大根、にんじんはそれぞれせん切りにし、ラップで包んで電子レンジ(600W)で30秒加熱する。
2. あえ衣の材料を合わせ、①を加えてあえる。

35kcal　塩分0.4g

ゆでブロッコリー　(78ページ)
…2〜3房(マヨネーズ少量を添える)　23kcal　塩分0.1g

- ●ごはん…150g　252kcal　塩分0g
- ●キウイフルーツ…1個(皮をむいて一口大に切る)
  48kcal　塩分0g

> から揚げは大好物で、学校から帰ってきたときにできていると「1個食べていい？」と、聞いてくることが多かったですね。大好きなおかずが入った塾弁は、やる気アップにも役立つように思います。

Part 4 | 受験生におすすめの塾弁

第4位　しょうが焼き弁当　691kcal　塩分2.4g

しょうが焼きは、時間がなくてもささっと作れる人気おかず。
忙しいときや作りおきおかずがないときに、おすすめの定番弁当です。

しょうが焼きのバリエ→ **p.67**

かみ切りやすい、もも薄切り肉で作るのがコツ
豚肉のしょうが焼き

材料
豚もも薄切り肉…3枚（80g）
塩・しょうが汁・酒
　……………………各少量
a ┌ しょうゆ・みりん
　│　……………各小さじ1
　└ しょうが汁……小さじ1/2
サラダ油………………少量

作り方
1　豚肉に塩、しょうが汁、酒をからめて5分ほどおく。
2　フライパンにサラダ油を熱し、①を広げ入れて両面を香ばしく焼き、aを加えて全体にからめる。

243kcal　塩分1.9g

トースターで焼くと野菜の甘みが出る
アスパラののり塩あえ

材料
グリーンアスパラガス
　………………2本（40g）
塩・ごま油…………各少量
焼きのり………………1/4枚

20kcal　塩分0.3g

作り方
1　アスパラガスは1cm幅の斜め切りにする。
2　オーブントースターの天板にオーブンシートを敷き、①を並べて6～7分焼き、塩、ごま油を加えて全体にからめる。のりを細かくちぎって加え、あえる。

レンジでしんなりさせて調理時間短縮
キャベツコールスロー

材料
キャベツ………………30g
ホールコーン（缶詰め）
　………………………大さじ1
マヨネーズ……大さじ1/4

59kcal　塩分0.2g

作り方
キャベツはせん切りにし、コーンとともにシリコンカップに入れてラップをし、電子レンジ（600W）で30秒加熱する。あら熱がとれたらマヨネーズを加えてあえる。

● ごはん…200g（白ごま少量をふる）342kcal　塩分0g
● オレンジ…1/2個（スマイルカット*にする）27kcal　塩分0g

＊オレンジをまず横半分に切ってから、くし形切りにする切り方

> アスパラガスをトースターで焼いている間に、フライパンでしょうが焼きを作るというように、同時進行で作れるおかずをうまく組み合わせると短時間でお弁当が作れます。シリコンカップで作るおかずも便利です（82ページ）。

肉が主菜のお弁当 1
チンジャオロースー弁当　701kcal　塩分2.3g

竹の子の代わりに、しいたけを入れたチンジャオロースー。しいたけのほうが少量を作るのに便利ですし、食物繊維や骨の成長に欠かせないビタミンDもとれるのでおすすめです。

ごはんの上にのせてもおいしい
チンジャオロースー

材料
- 牛もも肉……80g
- しょうゆ・酒……各小さじ1
- かたくり粉……小さじ1/2
- ピーマン……1個(30g)
- 生しいたけ……1枚(15g)
- a
  - オイスターソース・酒……各小さじ1
  - おろしにんにく……少量
- サラダ油……大さじ1/2

作り方
1. 牛肉は細切りにし、しょうゆ、酒、かたくり粉をもみ込んで5分ほどおく。
2. ピーマンはせん切りにする。しいたけは石づきを除き、軸は裂き、かさは薄切りにする。
3. フライパンにサラダ油を熱し、①を加えていため、肉の色が変わったら②を加えてさらにいためる。野菜がしんなりしたらaを加え、全体にからめながらいためる。

250kcal　塩分1.6g

レンジで蒸すほうが色落ちしない
レンジ蒸しなすのポン酢あえ

材料
- なす……1本(80g)
- あえ衣
  - ポン酢しょうゆ……小さじ1
  - ごま油……小さじ1/2

作り方
1. なすは縦に数本切り目を入れ、ラップでぴっちり包んで電子レンジ(600W)で3分加熱し、そのまま蒸らし、あら熱がとれたら一口大に切って汁けをきる。
2. あえ衣の材料を合わせ、①を加えてあえる。

40kcal　塩分0.5g

味の濃いおかずのときはシンプルな副菜を
粉ふき芋

材料
- じゃが芋……1/2個(70g)

作り方
じゃが芋は一口大に切り、塩少量(分量外)を加えた水からゆでる。竹串がすっと通るようになったら湯を捨て、弱火にかけて水分をとばし、粉をふかせる。

53kcal　塩分0.2g

- ●ごはん…200g　336kcal　塩分0g
- ●なし…1/4個(皮をむいてくし形切りにする)　22kcal　塩分0g

> うちの子は芋類が好きなので、お弁当作りが楽で助かりました。芋類は炭水化物とともにビタミンCもとれますし、弁当箱のあいたスペースを埋めるのにも便利です。芋類が苦手なお子さんなら、にんじんやれんこんなどの根菜類を入れてあげましょう。

元気でやる気になる塾弁

Part 1 | 受験生におすすめの塾弁

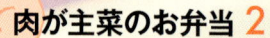 肉が主菜のお弁当 **2**
肉巻きおにぎり弁当 616kcal 塩分2.4g

肉巻きおにぎりは、息子が通っていた小学校で担当させていただいた子ども料理教室でとても評判がよく、それ以来、わが家でもよく作るようになりました。

牛肉は薄くて大きいものが巻きやすい
肉巻きおにぎり

材料
牛しゃぶしゃぶ用肉……60g
ごはん………………150g
味つき榨菜(ぎょーつぁい)(市販品)……15g
a [しょうゆ・みりん・酒
　　……………各小さじ1]
サラダ油………大さじ½

517kcal　塩分1.9g

作り方
1 榨菜はみじん切りにし、ごはんと混ぜ合わせ、2等分して三角形に握る。
2 牛肉を広げて①をのせ、全体をおおうように巻く。
3 フライパンにサラダ油を熱し、②を巻き終わりを下にして並べて表面を香ばしく焼き、aを加えてからめる。

沖縄の定番家庭料理
にんじんしりしり

材料
(作りやすい分量・5食分)
にんじん……… 1本(150g)
卵……………………… 1個
めんつゆ(92ページ)
　………………小さじ2
サラダ油………大さじ½

1食分　39kcal　塩分0.2g

作り方
1 にんじんはスライサーでせん切りにする。卵はときほぐす。
2 フライパンにサラダ油を熱し、にんじんをいためる。しんなりしたら、めんつゆをまわし加え、全体になじんだら卵をまわし加えて全体をいため合わせる。お弁当には⅕量を詰め、残りは1食分ずつシリコンカップなどに入れ、冷凍保存する。

レンジで加熱して味なじみをよくする
セロリのサラダ

材料
セロリ…………½本(50g)
フレンチドレッシング
　………………大さじ½

38kcal　塩分0.3g

作り方
セロリは斜め薄切りにし、シリコンカップに入れてラップをし、電子レンジ(600W)で30秒加熱する。あら熱がとれたらフレンチドレッシングを加えてあえる。

● りんご…⅙個(うさぎ形に切る)　22kcal　塩分0g

> 肉巻きおにぎりに榨菜を入れたのがきっかけで、うちの子は榨菜が食べられるようになりました。榨菜が苦手な場合は、たくあん漬けや紅しょうがなどを代わりに入れてもよいでしょう。

肉が主菜のお弁当 3
オクラの肉巻き弁当 710kcal 塩分1.5g

野菜を薄切り肉で巻いたおかずは、肉といっしょに野菜をたくさん食べられるのでおすすめ。オクラ以外にも、いんげんやアスパラガスを巻いてもおいしいです。

カレーの風味が食欲をそそる
オクラの肉巻き&長芋のソテー

材料
- オクラ……6本
- 豚もも薄切り肉……3枚
- 塩・こしょう・小麦粉……各少量
- a オイスターソース・酒……各小さじ1
- a カレー粉……少量
- 長芋……50g
- 塩・あらびき黒こしょう……各少量
- オリーブ油……大さじ1/2

作り方
1 オクラは塩少量(分量外)をふってこすり洗いをしてうぶ毛を除き、がくの部分をむく。長芋は5mm厚さの半月切りにする。
2 豚肉を1枚ずつ広げ、塩、こしょうをし、小麦粉を薄くふってオクラを2本ずつ巻く。
3 フライパンにオリーブ油を熱し、②を巻き終わりを下にして並べて両面を焼く。あいているところに長芋を入れて焼き、塩、黒こしょうをしてとり出す。
4 肉の色が完全に変わり、オクラに火が通ったらaをまわし加えて全体にからめる。

オクラの肉巻き 284kcal 塩分1.2g
長芋のソテー 51kcal 塩分0.3g

- ●ミニトマト…2個(30g) 9kcal 塩分0g
- ●ごはん…200g(青のり少量をふる) 336kcal 塩分0g
- ●柿…1/4個(皮をむいてくし形切りにする) 30kcal 塩分0g

> 柿には消化吸収の早い炭水化物が含まれているので、エネルギーに変わりやすく、疲労回復に役立ちます。ビタミンCも豊富なので、風邪がはやってくる秋から冬に積極的にとるとよいくだものです。

肉が主菜のお弁当 4
塩鶏つくね弁当 603kcal　塩分2.2g

お弁当はしょうゆ味のおかずが多くなりがち。そこで、塩味の主菜を紹介します。主菜が塩味なら、副菜にはしょうゆ味の煮物やあえ物を組み合わせることができます。

塩味だから、ほかのおかずと組み合わせやすい
塩鶏つくね

材料
つくねだね
- 鶏ひき肉………80g
- 玉ねぎのみじん切り
　…………小さじ2
- かたくり粉…小さじ1
- 塩…………小さじ1/6
- こしょう………少量

サラダ油………小さじ1

作り方
1 つくねだねの材料をよく混ぜ合わせ、3等分して小判形に成型する。
2 フライパンにサラダ油を熱し、①の両面を焼き、中まで火が通るようにふたをして蒸し焼きにする。火が通ったらふたを開け、水分をとばす。

181kcal　塩分1.2g

ごまみそだれであえるだけ
いんげんのごまみそあえ

材料
- さやいんげん…7本(50g)
- ごまみそだれ(90ページ)
　………………小さじ1

作り方
いんげんは熱湯で1～2分ゆでてざるにあげてさまし、縦に割って3cm長さに切り、ごまみそだれであえる。

26kcal　塩分0.2g

ひじき煮 (85ページ)…1食分　62kcal　塩分0.8g

● 雑穀ごはん…200g　334kcal　塩分0g

> 雑穀ごはんは、食物繊維やビタミンB₁がしっかりとれるので、たまに持たせていました。もちあわ、もちきびが入っていると、もちもちするので食べやすいようです。

Part 1 | 受験生におすすめの塾弁

麻婆豆腐弁当

肉が主菜のお弁当 5

726kcal　塩分2.5g

大好物の麻婆豆腐を、どうにかしてお弁当に入れてあげたいと考えたのがこのレシピです。かたくり粉を多めに加えて汁けをほとんどなくします。

汁けがないからお弁当にもだいじょうぶ
麻婆豆腐

材料
- もめん豆腐…………… 1/4丁 (75g)
- [豚ひき肉………………… 40g
- [酒……………………… 大さじ1/2
- ねぎのみじん切り……………10g
- a [トマトケチャップ…… 大さじ1
-   [酒………………………大さじ1/2
-   [しょうゆ………………小さじ1/2
-   [豆板醤（とうばんじゃん）…小さじ1/4
- b [かたくり粉……………小さじ1/2
-   [水………………………大さじ1/2
- ごま油……………………大さじ1/2

作り方
1 豚ひき肉に酒をからめて5分ほどおく。豆腐は1.5cm角に切る。
2 フライパンにごま油を熱し、ねぎと豚肉をいためる。肉の色が変わったら豆腐を加えてさらにいためる。
3 aをまわし加えて全体になじんだら、bの水どきかたくり粉を加えてとろみをつける。

228kcal　塩分1.3g

レンジ加熱すると水っぽくならない
もやしのナムル

材料
- 豆もやし………………………70g
- あえ衣 [しょうゆ・すり白ごま
-         　　　……各小さじ1
-        [ごま油………小さじ1/2

作り方
1 もやしはひげ根を除き、シリコンカップに入れてラップをし、電子レンジ(600W)で1分加熱し、汁けをよくきる。
2 あえ衣の材料を合わせ、①を加えてあえる。

67kcal　塩分0.9g

> あえ物に削りガツオやすり白ごまを入れると、野菜の水けを吸うので、水っぽくなりません。とろろこんぶ、ちぎった焼きのりを加えるのも同様の効果があります。

かぼちゃ煮 (88ページ)
…1食分　65kcal　塩分0.3g

- ●ごはん…200g　336kcal　塩分0g
- ●グレープフルーツ(ルビー)
  …1/3個(薄皮をむく)　30kcal　塩分0g

魚介が主菜のお弁当 1
サケの
磯辺焼き弁当

654kcal　塩分3.2g

Part 4 ｜ 受験生におすすめの塾弁

わが家では、サケは和風にも洋風にもアレンジできるので人気の魚でした。塩ザケよりも生ザケのほうが、いろいろな味をつけることができて使いやすいです。

ごはんの上にのせると食べやすい
サケの磯辺焼き

材料
- 生ザケ…小1切れ(70g)
- 塩・酒………… 各少量
- 焼きのり………… 1/4枚
- しょうゆ・みりん ………… 各小さじ1強
- サラダ油……… 大さじ1/2

162kcal　塩分1.6g

作り方
1. 焼きのりは細長く6等分に切る。
2. サケは6等分にそぎ切りにし、塩、酒をふって5分ほどおく。水けをふいて、①を巻く。
3. フライパンにサラダ油を熱し、②を巻き終わりを下にして並べ、両面を焼く。ふたをして中まで火を通したら、ふたをとって汁けをとばし、しょうゆ、みりんを合わせてまわし加え、全体にからめる。

食物繊維、ビタミンCがとれる
蒸しさつま芋

材料
- さつま芋…… 3cm(50g)

66kcal　塩分0g

作り方
さつま芋は水にくぐらせ、ラップでぴっちり包み、電子レンジ(600W)で2分ほど加熱する。そのままおいて蒸らし、あら熱がとれたら食べやすい大きさに切る。

さっぱりとした副菜で味のバランスをとる
きゅうりの酢の物

材料
- きゅうり…… 1/4本(25g)
- 塩………………… 少量
- すし酢(市販品)…小さじ1/2
- いり白ごま………… 少量

13kcal　塩分0.5g

作り方
1. きゅうりは小口切りにし、塩をしてもみ、しんなりしたら水けを絞る。
2. ①をすし酢であえ、いりごまをふる。

切り干し大根煮 (85ページ)

…1食分　77kcal　塩分1.1g

● ごはん…200g　336kcal　塩分0g

お弁当のおかずは、しょうゆ味のものが多くなりがちですよね。そんなとき、蒸しさつま芋やゆでとうもろこし(45ページ)など味つけをしないものを入れると、ほっとひと息つけるおかずになって味のバランスがとれます。

魚介が主菜のお弁当 2

カツオのピリ辛焼き弁当 653kcal 塩分2.0g

カツオの血合いには、タウリンという疲労回復に効果的な成分が含まれています。ほかにも、ビタミンB群が豊富で、体内でエネルギーを作り出すのを助けます。

ピリッとした辛みでごはんが進む
カツオのピリ辛焼き

材料
カツオ(刺し身用)…5切れ(80g)
下味 ┌ しょうゆ・甜麺醤(てんめんじゃん)・酒
　　 │ 　　　　　　　　……各小さじ1
　　 └ 豆板醤(とうばんじゃん)………少量

作り方
カツオは下味をからめて5分おき、魚焼きグリルまたはオーブントースターで、火が通るまで焼く。

155kcal　塩分1.5g

ドライフルーツは食物繊維が豊富
干しあんずのレモン煮

材料(作りやすい分量)
干しあんず………10個(30g)
レモンの薄切り………2枚
三温糖(または砂糖)……大さじ2
水………………………1/3カップ

作り方
なべにすべての材料を入れて火にかけ、煮立ったら弱火にし、汁けが少なくなるまで煮る。お弁当には3個詰める。

1食分3個　47kcal　塩分0g

いんげんのピカタ (87ページ)
…1食分(トマトケチャップを添えてもよい)
117kcal　塩分0.5g

●雑穀ごはん…200g　334kcal　塩分0g

> 干しあんずは食物繊維とβ-カロテンが豊富。買いおきできるので、お子さんが嫌いでなければお弁当に便利な食品です。ほんのり甘いレモン煮にしておくと、箸休(はしやす)めになります。

Part 1 | 受験生におすすめの塾弁

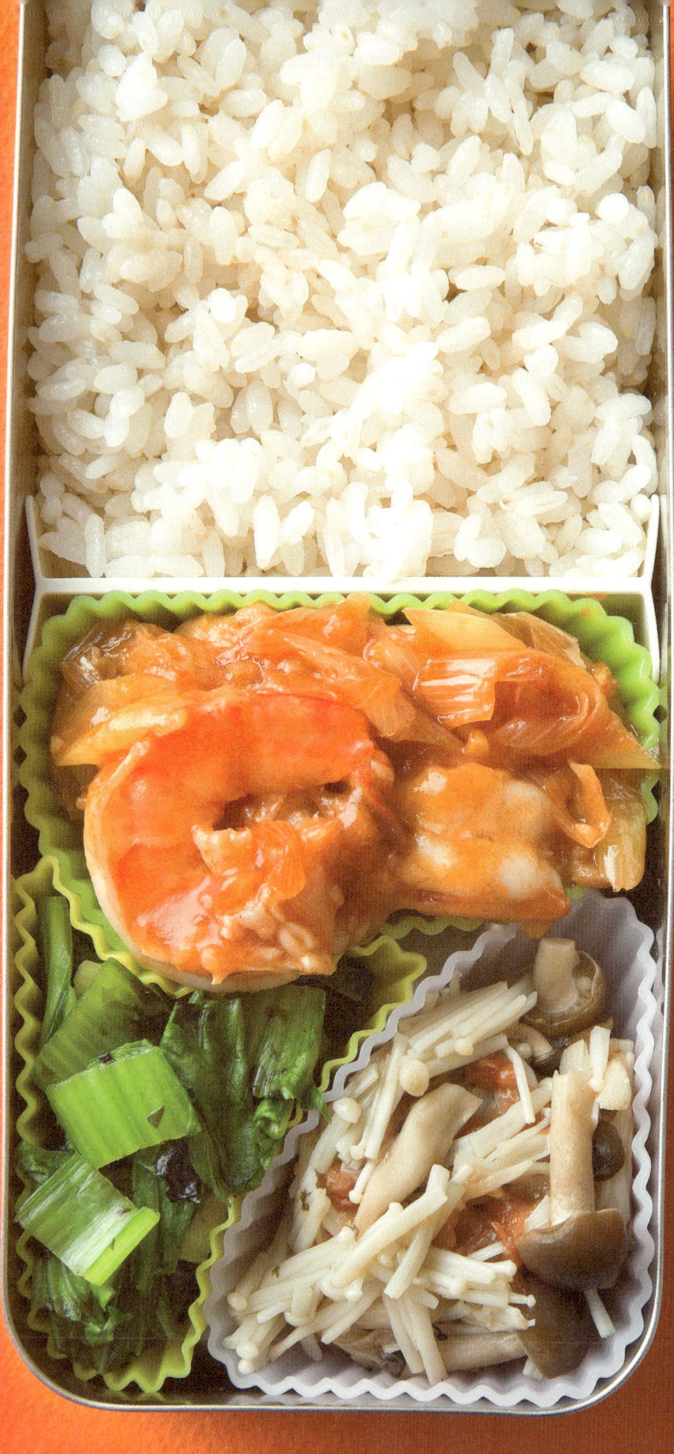

魚介が主菜のお弁当 3
エビチリ弁当　494kcal　塩分2.9g

トマトケチャップと少量の豆板醤で、ほんのり辛くてうま味たっぷりのエビのチリソース煮が完成します。ごはんが進み、大好評のおかずです。

ほんの少し辛味をきかせて本格味に
エビのチリソース煮

材料
- エビ……………………5尾(80g)
- ねぎ……………………1/8本(15g)
- しょうがのみじん切り……………1/4かけ分
- 豆板醤……………………少量
- a
  - しょうゆ……………小さじ1
  - トマトケチャップ…大さじ1/4
  - 鶏がらだしのもと……………ひとつまみ
  - かたくり粉………小さじ1/2
  - 水………………………大さじ2
- サラダ油……………小さじ1
- ごま油……………………少量

作り方
1. エビは殻をむいて背に切り込みを入れて背わたを除く。ねぎは斜め薄切りにする。
2. フライパンにサラダ油を熱し、しょうがをいため、香りが立ったらねぎを加えてさっといためる。
3. エビ、豆板醤を加えてさらにいため、エビの色が変わったら、よく混ぜ合わせたaをまわし加え、とろみがつくまでいためる。仕上げにごま油をまわし加え、さっと混ぜる。

143kcal　塩分1.8g

のりが野菜の水分を吸収する
青梗菜の磯辺あえ

材料
- 青梗菜……………1/2株(50g)
- 焼きのり………………1/4枚
- あえ衣
  - しょうゆ・だし……各小さじ1弱

10kcal　塩分0.8g

作り方
1. 青梗菜は熱湯でさっとゆでて水にとり、食べやすい長さに切って水けをよく絞る。
2. あえ衣の材料を合わせ、①を加えてあえ、焼きのりをちぎって加え混ぜる。

きのこの梅肉あえ (83ページ)
…1食分　7kcal　塩分0.3g

● 胚芽精米ごはん…200g　334kcal　塩分0g

> 胚芽精米は、玄米からぬかだけをとり除き、胚芽を80％以上残して精米されたものです。普通の精白米のごはんに比べてビタミンB_1が残っています。主食を胚芽精米ごはんにするだけで、エネルギー変換を助けるビタミンB_1がしっかりとれるのでおすすめです。

魚介が主菜のお弁当 4
カジキの甘酢弁当
537kcal　塩分2.0g

魚のおかずが苦手というお子さんには、甘酢をからめてみてください。
酢豚風の味わいになるせいか、きっと好きになってくれるはずです。

甘酢をからめると魚も食べやすくなる
カジキの甘酢

材料
- カジキ…1切れ(100g)
- 塩・こしょう…各少量
- 甘酢
  - トマトケチャップ……大さじ1
  - 酢…………小さじ1
  - しょうゆ・かたくり粉……各少量
  - 水…………小さじ2
- サラダ油………小さじ1

作り方
1 カジキは棒状に切って塩、こしょうをする。甘酢の材料を合わせる。
2 フライパンにサラダ油を熱し、カジキを入れて全面を焼く。火が通ったら、合わせておいた甘酢を加えてからめ、とろみをつける。

159kcal　塩分1.4g

冷凍保存しておいても便利
ゆでとうもろこし

材料
- とうもろこし…4cm(30g)

28kcal　塩分0g

作り方
とうもろこしはラップでぴっちり包み、電子レンジ(600W)で3分加熱し、そのままおいて蒸らし、あら熱がとれたら半分に切る。

ピーマンの塩こんぶあえ (83ページ)
…1食分　10kcal　塩分0.5g

●ごはん…200g(ふりかけ少量をふる)
340kcal　塩分0.1g

> うちの子も、魚よりは肉のおかずのほうが好きなようですが、甘酢をからめた魚は、喜んで食べていました。カジキのほかにも、生ザケやサワラで作ってもおいしくできます。

魚介が主菜のお弁当 5
エビフライ弁当　717kcal　塩分1.8g

エビフライのときは、たんぱく質が肉に比べてやや少なくなるので、うずらの卵などで補いましょう。野菜もしっかり詰めれば栄養バランスも完璧！

さつま芋もいっしょに揚げて2品完成！
エビフライ&さつま芋フライ

材料
- エビ……… 3尾(60g)
- 塩・こしょう…… 各少量
- 小麦粉・水…… 各大さじ1/2
- パン粉……………… 適量
- ウスターソース……… 適量
- さつま芋……………… 50g
- 揚げ油

エビフライ　178kcal　塩分1.2g
さつま芋フライ　80kcal　塩分0g

作り方
1 エビは背わたと殻をとり除き、腹側に浅く斜めに切り目を入れて身をまっすぐにする。
2 さつま芋は皮つきのまま棒状に切り、170℃に熱した油で素揚げし、とり出す。
3 ①に塩、こしょうをし、小麦粉と水を合わせたものにくぐらせ、パン粉をつけ、170℃に熱した油でカリッとなるまで揚げる。

うずらの卵 (水煮)…3個(30g)　55kcal　塩分0.2g

ラタトゥイユ (85ページ)
…1食分　38kcal　塩分0.4g

- ごはん…200g　336kcal　塩分0g
- グレープフルーツ(ホワイト)
  …1/3個(薄皮をむく)　30kcal　塩分0g

> うずらの卵は、5個で卵1個に相当します。たんぱく質が少し足りないなと思ったときにプラスするのに便利です。水煮はそのままお弁当に詰めてもよいですが、めんつゆに半日つけておくと味がしみておいしいです。

Part 1 | 受験生におすすめの塾弁

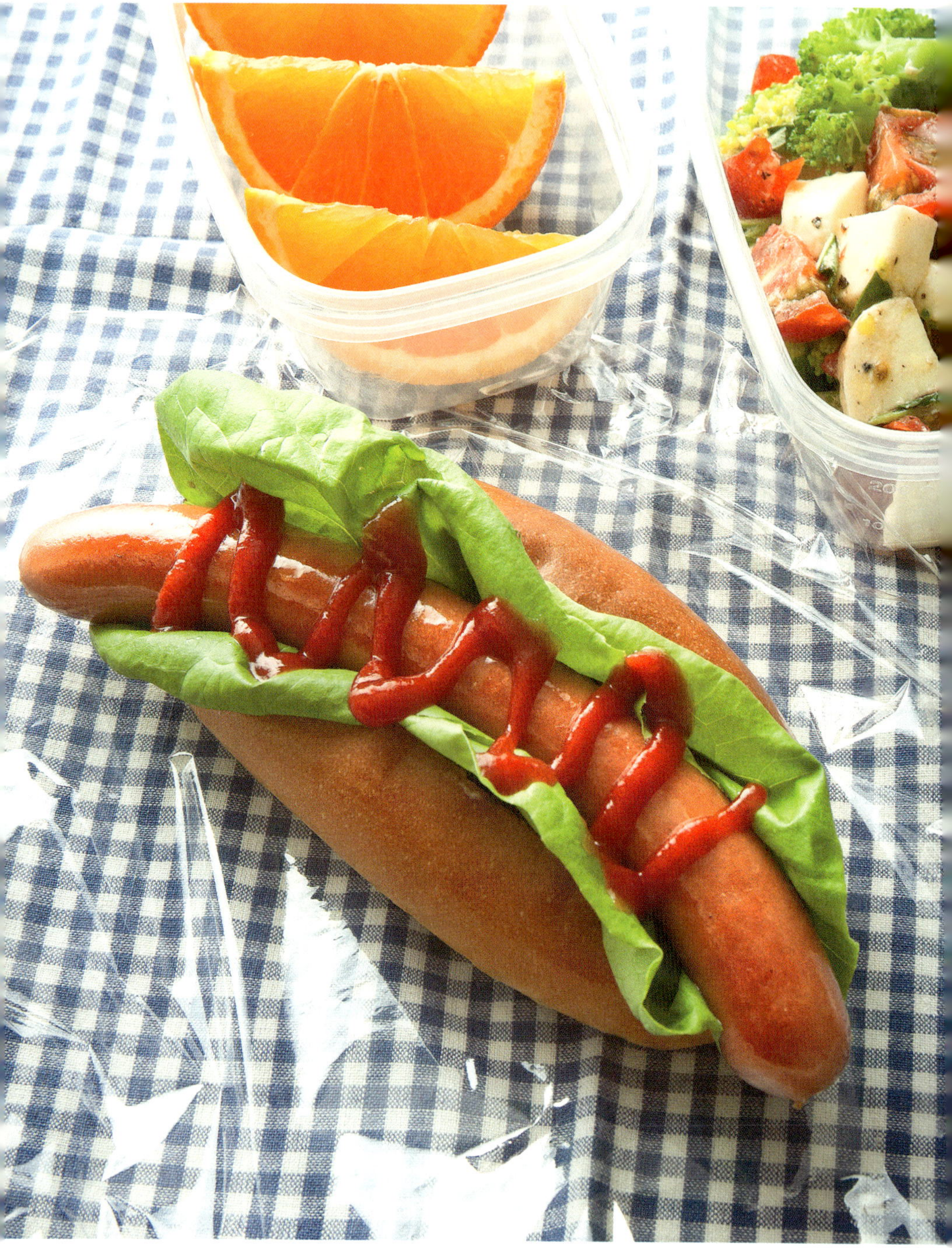

変化球のお弁当 1
ホットドッグ弁当 457kcal 塩分2.7g

主食がごはんのお弁当ばかりが続くと、作るほうも食べるほうも、飽きてくるものです。たまにはパンを主食としたお弁当にして、マンネリ気分を解消しましょう。

ケチャップは食べる直前にかけて
ホットドッグ

材料
- ホットドッグ用パン …………… 1本(50g)
- バター ………… 小さじ1
- ホットドッグ用ソーセージ …………… 1本(50g)
- サラダ菜 …………… 2枚
- トマトケチャップ …… 適量

作り方
1 パンは縦に切り目を入れ、オーブントースターで2分焼く。切り目の内側にバターを塗り、サラダ菜をはさむ。
2 フライパンでソーセージをこんがりと焼き、①に詰める。ラップで包む。ケチャップは別に添える。

321kcal 塩分1.8g

ちょっとおしゃれなデリ風おかず
カプレーゼ

材料
- ミニトマト …… 3個(45g)
- ブロッコリー …… 2房(30g)
- モッツァレラチーズ …… 30g
- バジル …………… 1枚
- 塩・こしょう・オリーブ油 …………… 各少量

109kcal 塩分0.9g

作り方
1 ミニトマトはヘタを除き、縦4つ割りにする。ブロッコリーは塩少量(分量外)をまぶしてラップで包み、電子レンジ(600W)で30秒加熱し、そのまま蒸らす。モッツァレラチーズは5mm厚さに切る。バジルは小さくちぎる。
2 ①を混ぜ合わせ、塩、こしょう、オリーブ油を加えてあえる。

● オレンジ … 1/2個(スマイルカットにする) 27kcal 塩分0g

> モッツァレラチーズに限らず、チーズはカルシウムやたんぱく質がとれる食品なので、野菜と組み合わせてじょうずにとるとよいでしょう。チーズは腹もちをよくする効果もあります。

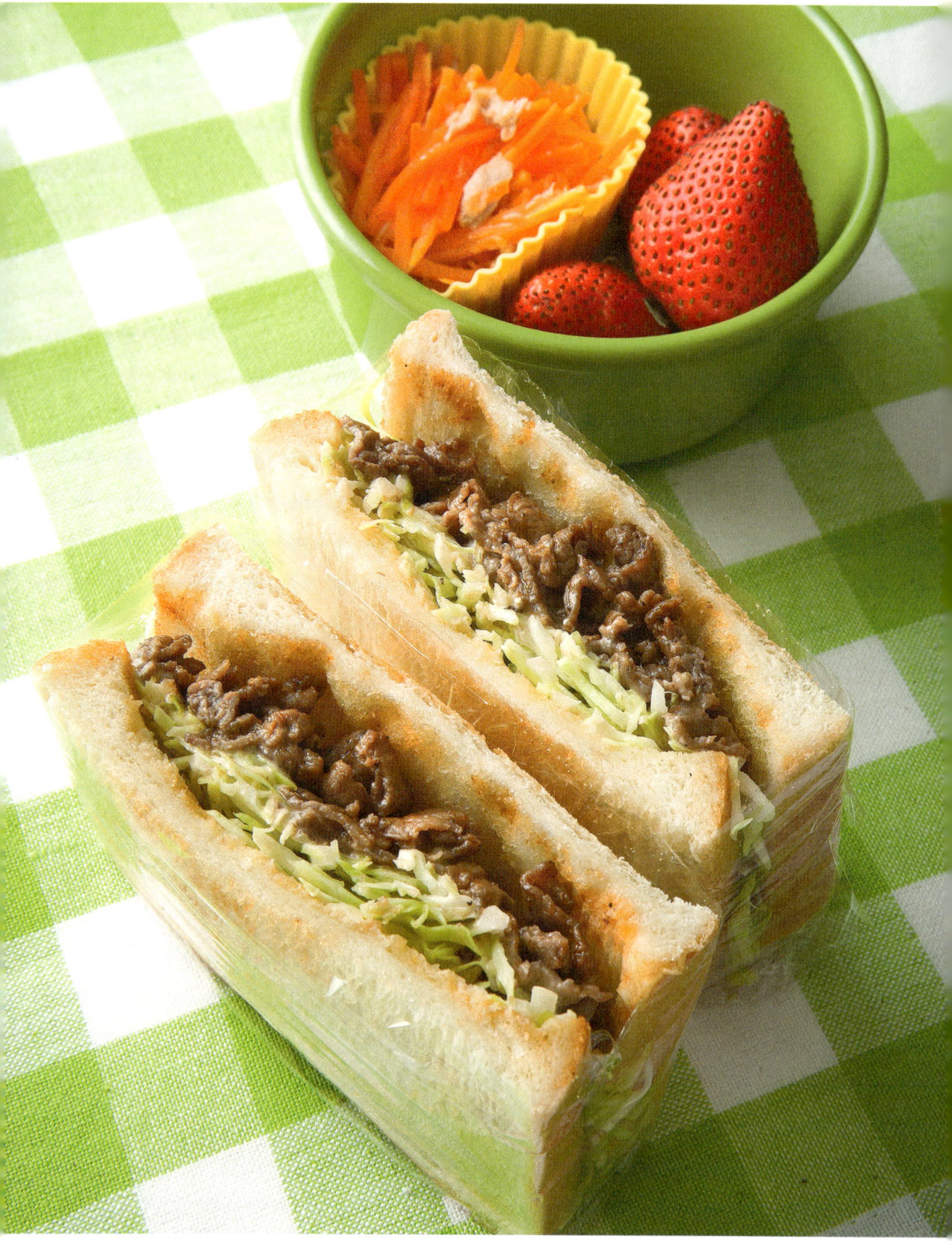

変化球のお弁当 2
ビーフサンド弁当 638kcal 塩分2.6g

牛肉をはさんだ食べごたえのあるサンドイッチは大好評。ラップでしっかり包んで形を落ち着かせてから半分に切ります。このまま、再度ラップに包んで持たせます。最初のラップはつけたままにするのがポイントです。

パンを焼いて香ばしさをプラス
ビーフサンド

材料
- 食パン(8枚切り)…2枚
- バター………大さじ½
- 牛こま切れ肉……80g
- 塩・こしょう…各少量
- バーベキューソース
  - ウスターソース・トマトケチャップ・はちみつ………各小さじ1
- サラダ油………小さじ1
- キャベツ……½枚(25g)

568kcal 塩分2.4g

作り方
1 牛肉は塩、こしょうをする。キャベツはせん切りにし、汁けをよくふく。
2 フライパンにサラダ油を熱し、牛肉をいためる。肉の色が変わったら、混ぜ合わせたバーベキューソースを加えてからめる。
3 食パンはオーブントースターでこんがりと焼き、それぞれの片側にバターを塗る。バターを塗った上にキャベツをのせ、その上に②をまんべんなくのせ、残りのパンではさむ。ラップで全体をぴっちり包み、5分ほどおいて落ち着かせ、半分に切る。

にんじんとツナのサラダ (82ページ)
…1食分 50kcal 塩分0.2g

● いちご…3個(60g) 20kcal 塩分0g

> サンドイッチは、ラップでぴっちり包んで落ち着かせてから半分に切ると、切りやすいです。また切ったあとも、ラップはつけたままにしておきます。そのほうが食べるときに具が落ちず、手も汚れなくておすすめです。

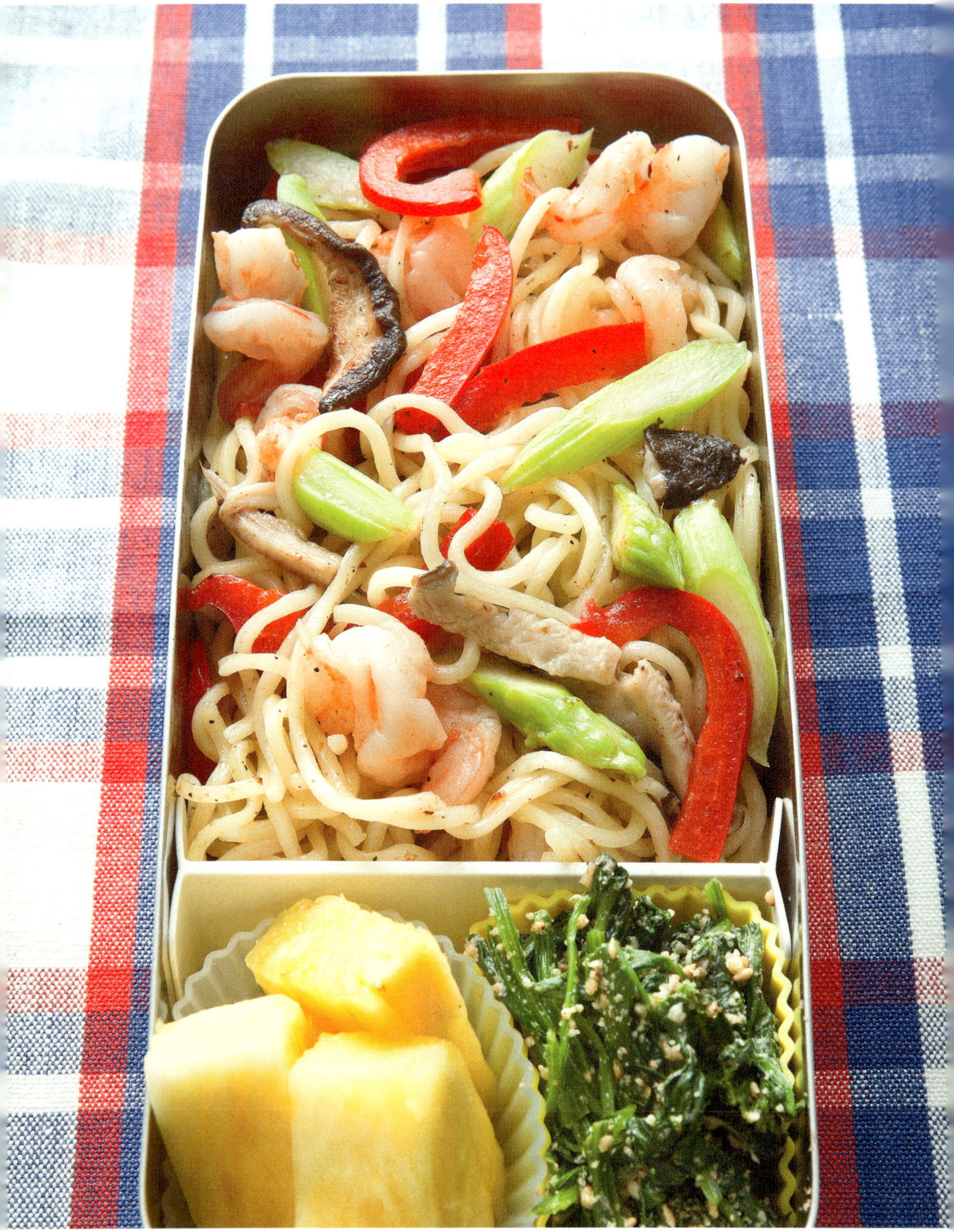

変化球のお弁当 3
焼きそば弁当　511kcal　塩分2.6g

焼きそばは1品で主菜、副菜、主食を兼ね、作るのも楽なので、時間がないときにおすすめのメニュー。
中華蒸しめんを冷凍ストックしておくと、いざというときに便利です。

具に合わせてシンプルに味つける
塩焼きそば

材料
- 中華蒸しめん……1玉(150g)
- ［エビ……………………50g
- 　塩・酒……………各少量］
- グリーンアスパラガス……1本(20g)
- 赤パプリカ………1/4個(30g)
- 生しいたけ………1枚(15g)
- a ［鶏がらだしのもと…小さじ1/3
- 　　水………………大さじ1］
- 塩・こしょう…………各少量
- サラダ油………………小さじ2

436kcal　塩分2.1g

作り方
1. エビは殻と尾をとり除き、厚みを半分にし、背わたを除いて塩、酒をまぶす。
2. アスパラガスは斜め薄切りに、パプリカは縦にせん切りにし、長さを半分に切る。しいたけは石づきを除き、軸は裂き、かさは薄切りにする。
3. フライパンにサラダ油を熱し、①をいためる。エビの色が変わったら②を加えてさらにいため、しんなりしたら、めんをほぐしながら加えていためる。
4. 具とめんがなじんだら、混ぜ合わせたaをまわし加え、塩、こしょうで味をととのえ、全体に焼き色が少しつくまでいためる。

ポン酢しょうゆでさっぱり味に
ほうれん草のポン酢ごまあえ

材料
- ゆでほうれん草(79ページ)……1/4束分(80g)
- あえ衣 ［ポン酢しょうゆ…小さじ1
- 　　　　すり白ごま……小さじ1/2
- 　　　　ごま油……………少量］

34kcal　塩分0.5g

● パイナップル…3切れ(80g)　41kcal　塩分0g

作り方
1. ゆでほうれん草は3cm長さに切って水けをよく絞る。
2. あえ衣の材料を合わせ、①を加えてあえる。

> 野菜をたっぷり入れて作る焼きそばは、栄養バランスもとりやすくておすすめ。ソース味が定番ですが、わが家ではエビなどの具に合わせて塩味にしたものも人気でした。

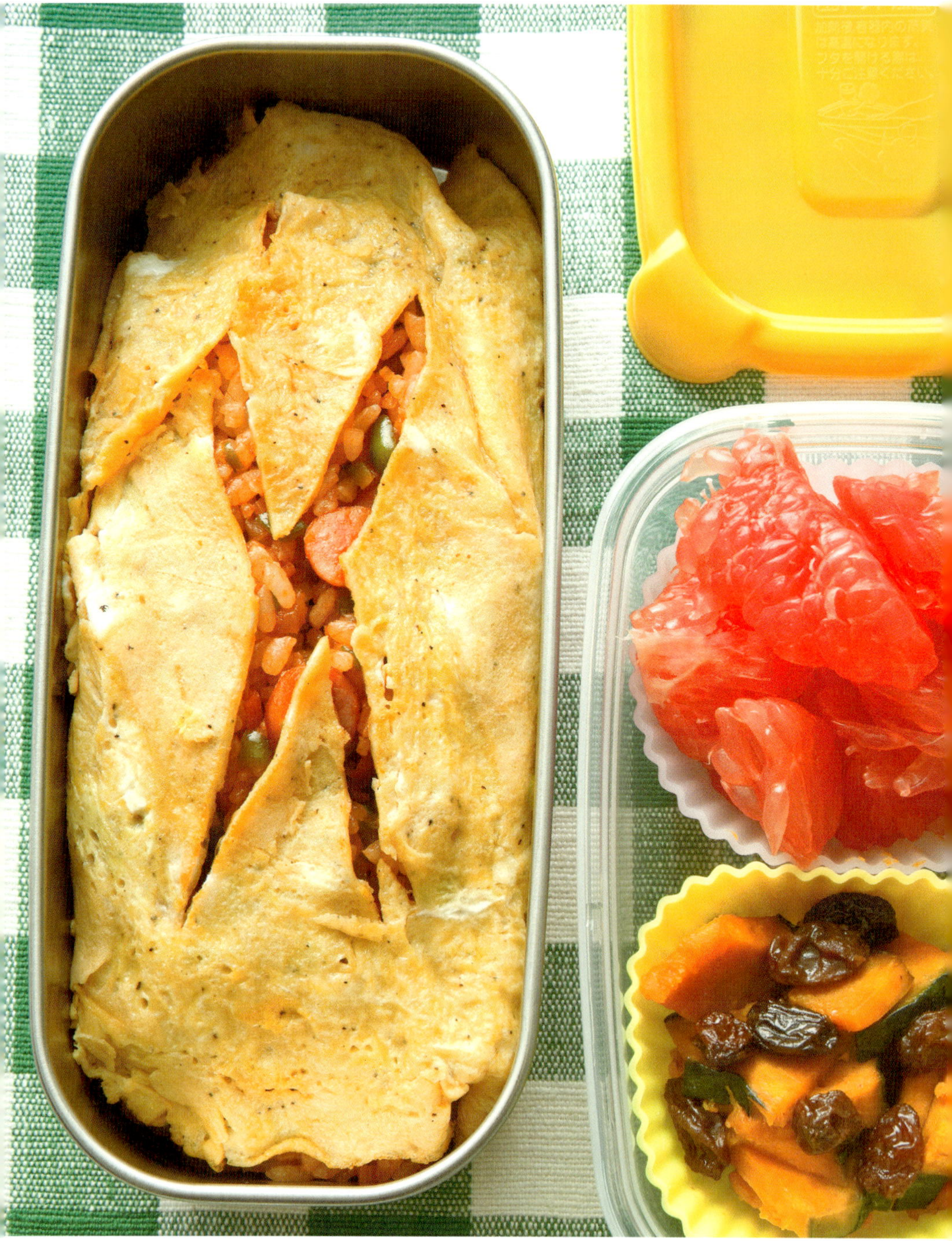

変化球のお弁当 4
オムライス弁当 586kcal 塩分2.2g

おかずがなくても食べられる味つけごはんは、短い休憩時間に食べなくてはならない塾弁にはもってこい。野菜やフルーツを添えて栄養バランスをとりましょう。

胚芽精米ごはんで作るのがおすすめ
オムライス

材料
- 胚芽精米ごはん……………150g
- ソーセージ…………1本(20g)
- 玉ねぎ……………1/8個(25g)
- にんじん……………1cm(20g)
- ピーマン……………1個(30g)
- a ┌ トマトケチャップ…大さじ1
  └ オイスターソース…小さじ1
- 塩・こしょう……………各少量
- サラダ油……………大さじ1/2
- ┌ 卵……………………1個
  │ 塩・こしょう………各少量
  │ バター・サラダ油
  └ ……………各小さじ1/2

452kcal 塩分1.9g

作り方
1. ソーセージは小口切りにする。玉ねぎはみじん切りに、にんじんとピーマンはあらみじん切りにする。
2. 卵はときほぐし、塩、こしょうをする。
3. フライパンに卵用のバターとサラダ油を熱し、バターがとけかけたら②をまわし入れて薄焼き卵を作り、ラップにとり出す。
4. 同じフライパンにサラダ油を熱し、①をいためる。野菜がしんなりしたらaを加えて野菜になじませ、ごはんをほぐしながら加えて、まんべんなくいため、塩、こしょうで味をととのえる。
5. ③の上に④をおいて成型し、お弁当箱に詰める。

かぼちゃとレーズンのバター煮 (82ページ)
…1食分　85kcal　塩分0.3g

● グレープフルーツ(ルビー)
　…1/2個(薄皮をむく)　49kcal　塩分0g

> 43ページで紹介した胚芽精米ごはんは、食べ慣れていない場合は味つけごはんにするのがおすすめです。このオムライスのごはんには、ケチャップをかけなくてもおいしいように、オイスターソースも加えてしっかり味に作りました。

時間がないときの
おにぎりバリエーション

お弁当を作っている時間がない！
というときには、おにぎりだけでも持たせてあげましょう。

■ エネルギー不足にならないように、炭水化物はしっかりとらせて

　学校から帰ってきて、塾でまた勉強をするわけですから、頭や体を働かせるためのエネルギーはどんどん使われています。お弁当を作っている時間がない日でも、エネルギー不足にならないように、エネルギーのもとになる炭水化物がとれるおにぎりだけでも持たせてあげましょう。おにぎりの具はたんぱく質がとれるものにし、塾から帰ってきたら野菜おかずを補って栄養のバランスをとるようにしましょう。

　豚カツやから揚げなどを作ったときに、2～3個でも冷凍保存しておくと、いざというときに助かります。

　まとめ作りした具は、密封できるポリ袋に入れて平らにして冷凍保存します。必要な分だけ折って解凍して使います。

おにぎりは直接手で握らずに、ラップで包んで握るほうが衛生的です。ラップに塩をふり、ごはん、具をのせ、形をととのえたら、そのままラップで包めば完成です。

おにぎりののりは、パリッとしているほうが好みなら、密封できるポリ袋に入れて別に持っていきます。しっとりしているほうが好みなら、のりで包んでからラップに包みます。おにぎりの中身をシールで貼っておくと、食べるときに選べるのでいいですよ。

Part 4 ｜ 受験生におすすめの塾弁

人気の主菜をとりおいて具に

食べごたえ満点！
豚カツおにぎり

材料（1個分）
- ごはん……150g
  塩……少量
- 豚カツ（21ページ）
  ……½切れ（30g）
  中濃ソース……少量

作り方
1 豚カツは一口大に切り、ソースをまぶす。
2 ごはんに①を入れ、塩をふったラップで包んで三角形に握る。

332kcal　塩分0.8g

甘辛いたれがごはんによく合う
鶏肉の照り焼きおにぎり

材料（1個分）
- ごはん……150g
  塩……少量
- チキンロール（72ページ）
  …1cm厚さ1枚（30g）

作り方
1 チキンロールは1枚を一口大に切る。
2 ごはんに①を入れ、塩をふったラップで包んで丸く握る。

326kcal　塩分1.0g

好きなおかずをおにぎりの具に
鶏肉のから揚げおにぎり

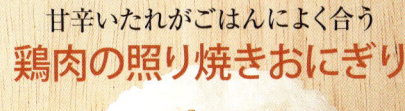

材料（1個分）
- ごはん……150g
  塩……少量
- 鶏肉のから揚げ
  （25ページ）…1個（25g）

作り方
1 鶏肉のから揚げは1個を一口大に切る。
2 ごはんに①を入れ、塩をふったラップで包んで丸く握る。

344kcal　塩分0.6g

フライ衣もおいしさのうち
エビフライおにぎり

材料（1個分）
- ごはん……150g
  塩……少量
- エビフライ
  （46ページ）…1尾
  中濃ソース……少量

作り方
1 エビフライは一口大にする。
2 ごはんに①を入れ、塩をふったラップで包んで三角形に握る。

315kcal　塩分0.9g

いつもある定番の具でさっと作る

定番だからこそ、ほっとする味
梅おかかおにぎり

材料（1個分）
- ごはん……………100g
  塩………………少量
- 梅おかか
  - 梅干し……大1/2個(5g)
  - 削りガツオ………1/4袋(1.3g)

作り方
1 梅干しは種を除き、果肉をたたき刻んで削りガツオと混ぜ合わせる。
2 ごはんに①を入れ、塩をふったラップで包んで丸く握る。

174kcal　塩分0.8g

塩辛さの違うサケを混ぜるとちょうどいい
サケおにぎり

材料（1個分）
- ごはん………100g
  塩………………少量
- サケフレーク
  （作りやすい分量）
  - 甘塩ザケ・塩ザケ………各1切れ
- いり白ごま………少量

作り方
1 2種類のサケを焼き、骨、皮を除いて身をほぐし、混ぜ合わせる。
2 ごはんに①を30g入れていりごまをふり、塩をふったラップで包んで三角形に握る。

230kcal　塩分0.7g

かくし味のごま油が味のポイント
おかかじょうゆおにぎり

材料（1個分）
- ごはん……………100g
  塩………………少量
- おかかじょうゆ
  - 削りガツオ………1/4袋(1.3g)
  - しょうゆ……小さじ1/2強
  - ごま油…………少々

作り方
1 削りガツオ、しょうゆ、ごま油を混ぜ合わせる。
2 ごはんに①を入れ、塩をふったラップで包んで丸く握る。

184kcal　塩分0.7g

作っておくと便利な具

肉そぼろは常備しておくと便利
肉そぼろおにぎり

材料（1個分）
- ごはん……………100g
  塩………………少量
- 肉そぼろ（作りやすい分量）
  - 豚ひき肉………150g
  - しょうがのみじん切り
    ……………大さじ½
  - しょうゆ…大さじ1½
  - 砂糖…………大さじ1

245kcal　塩分1.0g

作り方
1. なべに肉そぼろの材料を入れて中火にかけ、菜箸で混ぜながら汁けがなくなるまでいりつける。
2. ごはんに①を30g入れ、塩をふったラップで包んで三角形に握る。

おにぎりに野菜を入れたくて考えた一品
にんじん鶏そぼろおにぎり

材料（1個分）
- ごはん……………100g
  塩………………少量
- にんじん鶏そぼろ
  （作りやすい分量）
  - にんじん…1本(180g)
  - 鶏ひき肉………150g
  - a ┌ みそ…大さじ1½
    │ みりん・酒
    │ ………各大さじ1
    └
  - サラダ油…大さじ½

209kcal　塩分0.5g

作り方
1. にんじんはすりおろす。
2. フライパンにサラダ油を熱し、①をいためる。汁けがとんだら鶏ひき肉を加え、ぽろぽろになるまでいためたら、混ぜ合わせたaを加え、汁けがなくなるまでいりつける。
3. ごはんに②を30g入れ、塩をふったラップで包んで丸く握る。

脳を活性化させるDHAやEPAがとれる
サバそぼろおにぎり

材料（1個分）
- ごはん……………100g
  塩………………少量
- サバそぼろ
  （作りやすい分量）
  - サバの水煮（缶詰め）
    ………1缶(190g)
  - しょうがのみじん切り
    ………小1かけ分
  - a ┌ 砂糖……小さじ2
    │ 酒・しょうゆ
    │ ……各大さじ1
    └
  - いり白ごま…大さじ1

259kcal　塩分1.1g

作り方
1. フライパンに汁けをきったサバの水煮、しょうがを入れていため、ぽろぽろになったらaを加えて汁けが少なくなるまで煮る。いりごまを加えて混ぜる。
2. ごはんに①を30g入れ、塩をふったラップで包んで三角形に握る。

じょうずにプラスして栄養補給！
くだもの＆飲み物

くだものと飲み物は、主菜、副菜、主食のどれにも分類はされませんが、食事にじょうずにとり入れると、体に必要な栄養を簡単にとることができます。ここでは、それぞれどのようなことを意識してとればよいかを紹介します。

くだもの

くだものは、ビタミンCを補給するうえでとても優れた食品です。食品に含まれるビタミンCは、水にとけ、加熱すると壊れやすい性質があるため、調理中に減少しやすくなります。その点くだものは、生で食べられるので、調理による損失を心配することはありません。10～11歳の男女のビタミンCの一日の推奨量は80mgですので、一日3回の食事のどこかに、意識してくだものをプラスすると、ビタミンCを簡単にとることができます。

《ビタミンCが豊富なくだものベスト10》
身近なくだもので、1食分に含まれるビタミンCが多いものを紹介します。

順位	くだもの	1食分	ビタミンC
1位	柿	1食分：½個（90g）	ビタミンC：63mg
2位	キウイフルーツ	1食分：1個（90g）	ビタミンC：62mg
3位	パパイヤ	1食分：½個（90g）	ビタミンC：45mg
4位	いちご	1食分：3個（60g）	ビタミンC：37mg
5位	レモン	1食分：¼個（30g）	ビタミンC：30mg
6位	みかん	1食分：1個（90g）	ビタミンC：29mg
7位	オレンジ	1食分：½個（70g）	ビタミンC：28mg
8位	グレープフルーツ	1食分：¼個（70g）	ビタミンC：25mg
9位	パイナップル	1食分：3切れ（80g）	ビタミンC：22mg
10位	マンゴー	1食分：¼個（80g）	ビタミンC：16mg

飲み物

　飲み物でも手軽に栄養を補給することができます。その代表的な《牛乳》と《野菜ジュース》についてのポイントは次のとおりです。

《牛乳》

　手軽に栄養が補給できる飲み物の代表格といえば牛乳です。子どもの骨の成長に欠かせないカルシウムの貴重な供給源です。牛乳200mlで一日に必要なカルシウムの3分の1が補給できるので、ふだんの食事や学校給食で、じょうずにとり入れるとよいでしょう。牛乳が苦手な場合は、豆乳あるいは、ヨーグルト、チーズ、小魚などから積極的にカルシウムをとりましょう。

《野菜ジュース》

　野菜は一日に350gを目安にとりたいですが、どうしてもとれないときには、野菜ジュースを飲むのもひとつの手です。ただし、「野菜ジュースをとっているから野菜は足りている」と考えるのは間違いです。野菜ジュースはあくまでも補助的なもので、たとえ栄養的にすぐれたものでも、野菜それぞれの香りや味、かみごたえを楽しめるわけではありません。子どもの成長には、かむこともたいせつなので、野菜ジュースを過信せず、野菜そのものをしっかりとるようにしましょう。

Variation....

Part 2 組み合わせ自在！
おかずバリエーション

ゆで野菜を
つねに冷蔵庫に！

「ハンバーグは
冷凍しておこうっと」

塾弁は、日ごろの準備次第で、楽に作ることができます。夕食のおかずを塾弁用にとり分けておいたり、時間があるときにおかずやゆで野菜を作っておきましょう。また、さっと作れるおかずのバリエーションを増やすのもおすすめです。わが家で重宝したおかずアイデアを紹介します。

「10分あれば
作れるわ」

人気ランキング　おかずのバリエーション

牧野さんのお宅で人気の高いお弁当ベスト4（20ページ～）の、主菜のバリエーションを紹介していただきました。大好きなおかずからのアレンジなので、喜ばれることまちがいなしです。

RANKING 1位　豚カツのバリエーション （20ページ）

淡白なささ身とチーズは相性抜群！
ささ身の　チーズはさみカツ

材料
- ささ身(小)……………… 2本(80g)
- 塩・こしょう……………… 各少量
- スライスチーズ…………… 1枚(15g)
- 小麦粉・水……………… 各大さじ½
- パン粉…………… 適量　揚げ油

283kcal　塩分1.1g

作り方
1. ささ身は厚みが半分になるように切り目を入れて開き、塩、こしょうをし、チーズをはさむ。
2. 小麦粉と水を合わせたものに①をくぐらせ、パン粉をつけて、170℃に熱した油で火が通り、カリッとするまで揚げる。

むきエビで作る小さなエビフライ
エビカツ

材料
- むきエビ……………………… 50g
- 小麦粉…………………… 大さじ½
- マヨネーズ………………… 小さじ1
- 塩・こしょう……………… 各少量
- パン粉…………………………… 適量
- 揚げ油

197kcal　塩分0.8g

作り方
1. むきエビはあらく刻み、小麦粉、マヨネーズ、塩、こしょうと混ぜ合わせ、一口大に成型し、パン粉をまぶす。
2. 揚げ油を170℃に熱し、①を火が通り、カリッとするまで揚げる。

RANKING 2位 ねぎ塩だれ焼きのバリエーション (22ページ)

わが家で大人気のねぎ塩だれ。
味つけに迷ったときに、
ぜひ試してみてください。

まとめて作っておくと便利！ ねぎ塩だれ

材料(作りやすい分量)
- ねぎ…1本(100g)
- 塩……小さじ1/2強
- こしょう………少量
- ごま油…大さじ3

大さじ1 24kcal 塩分0.2g

焼き肉屋さんでも人気の味を再現
牛肉のねぎ塩焼き

材料
牛もも肉(焼き肉用)……………80g
ねぎ塩だれ(右上参照)………大さじ1
191kcal　塩分0.3g

作り方
　牛肉にねぎ塩だれをからめ、熱したフライパンで焼く。

いため物の味つけにも便利！
卵とエビのねぎ塩いため

材料
むきエビ…………………… 5尾(80g)
卵…………………………………… 1個
ねぎ塩だれ(右上参照)……… 大さじ1
175kcal　塩分0.8g

作り方
1 むきエビにねぎ塩だれの半量をからめる。卵はときほぐし、残りのねぎ塩だれを加えて混ぜ合わせる。
2 フライパンで①のエビをいため、色が変わったら①の卵を加えていため合わせる。

RANKING 3位 から揚げのバリエーション (24ページ)

脂ののったサバにはカレー味が合う
サバのから揚げ カレー風味

材料
- サバ……………………1切れ(80g)
- 下味
  - しょうゆ……………………大さじ½
  - 酒……………………………小さじ1
  - しょうが汁…………………小さじ½
  - おろしにんにく・カレー粉…各少量
- かたくり粉……………………適量
- 揚げ油

245kcal　塩分1.6g

作り方
1. サバは一口大のそぎ切りにし、下味をからめて10分以上おき、汁けを軽くきってかたくり粉をまぶす。
2. 揚げ油を170℃に熱し、①を火が通り、カリッとするまで揚げる。

から揚げにすると魚でも喜ぶおかずに
サケのから揚げ

材料
- 生ザケ……………………1切れ(80g)
- 下味
  - しょうゆ……………………大さじ½
  - 酒……………………………小さじ1
  - しょうが汁…………………小さじ½
  - おろしにんにく………………少量
- かたくり粉……………………適量
- 揚げ油

185kcal　塩分1.5g　(16ページに掲載)

作り方
1. サケを一口大のそぎ切りにし、下味をからめて10分以上おき、汁けを軽くきってかたくり粉をまぶす。
2. 揚げ油を170℃に熱し、①を火が通り、カリッとするまで揚げる。

RANKING 4位 しょうが焼きのバリエーション (26ページ)

しょうが焼きなら魚も食べやすい
カツオのしょうが焼き

材料

カツオ(刺し身)	5切れ(80g)
下味 ┌ 塩	少量
│ しょうが汁	少量
└ 酒	少量
a ┌ しょうゆ・みりん	各小さじ1
└ しょうが汁	小さじ½
サラダ油	少量

163kcal　塩分1.4g

作り方
1 カツオに下味をからめて5分ほどおく。
2 フライパンにサラダ油を熱し、①を両面香ばしく焼いて火を通し、aを加えてからめる。

ごはんがすすむ王道の味
鶏肉のしょうが焼き

材料

鶏もも肉	80g
下味 ┌ 塩	少量
│ しょうが汁	少量
└ 酒	少量
a ┌ しょうゆ・みりん	各小さじ1
└ しょうが汁	小さじ½
サラダ油	少量

191kcal　塩分1.4g

作り方
1 鶏肉に下味をからめて5分ほどおく。
2 フライパンにサラダ油を熱し、①を両面香ばしく焼いて火を通し、aを加えてからめる。

冷凍保存できる
作りおきおかず&バリエーション

夕食用に作ったおかずをストックしておき、それをアレンジしてお弁当用のおかずを作ることができるようになると、塾弁作りはとても楽になります。
ここでは、冷凍保存できる主菜のおかずと、それを使ったお弁当用のおかずのバリエーションを紹介します。時間があるときにまとめ作りしておくと便利です。

シンプルに味つけすると応用しやすい
牛肉のしぐれ煮

材料
（作りやすい分量・4食分）
牛切り落とし肉……300g
玉ねぎ………1/2個（100g）
ごぼう……………100g
しょうが…………1かけ
煮汁 ┌ 水…………1/4カップ
　　│ しょうゆ…大さじ1 1/2
　　└ 砂糖………大さじ1
サラダ油………大さじ1

1食分 306kcal　塩分1.1g

作り方
1 玉ねぎは薄切りに、ごぼうは笹がきに、しょうがはせん切りにする。
2 フライパンにサラダ油を熱し、玉ねぎとごぼうをいためる。しんなりしてきたら、牛肉を加えてさらにいためる。
3 肉の色が変わったら、しょうがと煮汁を加え、煮立ったらアクを除き、ふたをして弱火で煮る。煮汁が半分くらいになったら火を消し、あら熱がとれるまでおいて味をなじませる。

保存の仕方

冷蔵 保存容器に入れて冷蔵庫で3～4日間保存可能。

冷凍 1食分ずつラップで包み、密封できるポリ袋に入れて冷凍庫で1か月保存可能。使うときは電子レンジで解凍してください。

アレンジ1

和風な牛丼の具が
ビーフストロガノフ風に
牛肉のトマト煮

材料
牛肉のしぐれ煮……………… 1食分
a[トマトケチャップ・ヨーグルト
　　………………… 各大さじ1
塩・こしょう……………… 各少量
333kcal　塩分1.9g

作り方
　牛肉のしぐれ煮を電子レンジ(600W)で温め直し、よく混ぜ合わせたaを加えて混ぜ合わせ、塩、こしょうで味をととのえる。

アレンジ2

卵焼きの具にもおすすめ
牛肉入り卵焼き

材料(作りやすい分量・2食分)
牛肉のしぐれ煮……………… 1/2食分
卵……………………………… 1個
サラダ油……………………… 適量
　1食分　161kcal　塩分0.5g

作り方
1 牛肉のしぐれ煮を電子レンジ(600W)で温め直す。
2 卵はときほぐし、①を加えて混ぜ合わせる。
3 フライパンにサラダ油を熱し、②を数回に分けて流し入れ、卵焼きを作る。残った分は、冷凍庫で2週間保存可能。

用途に合わせた大きさに丸めて保存
ハンバーグ

材料
（作りやすい分量・大2個、小4個）
合いびき肉……………………300g
玉ねぎ……………1/4個（50g）
バター………………………小さじ1
パン粉・牛乳………各大さじ2
塩・こしょう・ナツメグ…各少量
サラダ油………………大さじ1/2

大1個分 209kcal　塩分0.4g
小1個分 104kcal　塩分0.2g
（14ページに掲載）

作り方
1 玉ねぎはみじん切りにする。
2 フライパンにバターを熱し、①をいため、しんなりしたらとり出し、あら熱をとる。
3 合いびき肉、②、パン粉、牛乳、塩、こしょう、ナツメグをよく混ぜ合わせ、用途に合わせた大きさ（ハンバーガー用は大、お弁当用ハンバーグは小）に丸めて成型する。
4 フライパンにサラダ油を熱し、③を並べて両面を焼き、ふたをして蒸し焼きにして中まで火を通す。食べるときに好みのソースをかける。

保存の仕方

冷蔵 保存容器に入れて冷蔵庫で3～4日間保存可能。

冷凍 焼いてあら熱をとったものを1個ずつラップで包み、密封できるポリ袋に入れて冷凍庫で1か月保存可能。使うときは電子レンジで解凍してください。

Part 2 | 組み合わせ自在！おかずバリエーション

アレンジ1

手作りならではのおいしさ！
ハンバーガー

材料
ハンバーグ(大)……………………1個
[バンズパン……………………1個
  バター……………………大さじ½]
サニーレタス……………………1枚
マヨネーズ・トマトケチャップ
　　　　　　　……………各小さじ1

527kcal　塩分1.9g

作り方
1 サニーレタスは水けをよくふき、食べやすい大きさにちぎる。
2 バンズパンは横半分に切り、オーブントースターで2分焼き、切り口側にバターを塗る。
3 ハンバーグは電子レンジ(600W)で温め直す。
4 ②の片方に①をのせ、マヨネーズをまんべんなくかけて③をのせ、ケチャップをまんべんなくかけてもう片方のパンではさむ。

アレンジ2

チーズをのせるとおいしさ倍増
ピザ風ハンバーグ

材料
ハンバーグ(小)……………………2個
ピザ用ソース……………大さじ1強
ピザ用チーズ……………………15g

275kcal　塩分0.9g

作り方
1 ハンバーグは電子レンジ(600W)で温め直す。
2 耐熱のアルミカップなどに①を入れ、ピザ用ソースをかけ、チーズをのせる。
3 オーブントースターに②を入れて3分ほど、チーズがとけて軽く焼き色がつくまで焼く。

あっという間になくなるほど重宝する一品
チキンロール

材料（作りやすい分量）
- 鶏もも肉……… 2枚（600g）
- 塩・こしょう……… 各少量
- a
  - 水……… 1½〜2カップ
  - しょうゆ……… 大さじ4
  - 砂糖・みりん… 各大さじ2
- サラダ油……… 大さじ1

1本分 737kcal　塩分7.3g
1食分（¼本） 184kcal　塩分1.8g

作り方
1 鶏肉に塩、こしょうをし、皮を外側にしてくるりと縦長に巻き、たこ糸をらせん状に巻いて縛る。同様にしてもう1本作る。
2 フライパンにサラダ油を熱し、①の肉を並べ、皮全体を焼きつける。
3 全体に焼き色がついたらaを加え、落としぶた（オーブンシートの紙ぶたでもよい）をし、途中でときどき鶏肉を返しながら、汁が少なくなるまで弱火で30分ほど煮る。

保存の仕方

冷蔵 あら熱をとって保存容器に入れて冷蔵庫で3〜4日間保存可能。冷蔵なら切らずにそのまま保存したほうが、用途に合わせて使えて便利です。

冷凍 1cm厚さに切り、1食分ずつ（3切れ）ラップに包み、密封できるポリ袋に入れて冷凍庫で1か月保存可能。使うときは電子レンジで解凍してください。

Part 2 | 組み合わせ自在！おかずバリエーション

アレンジ1

いつ作っても好評な一品
照り焼きチキンサンド

材料
チキンロール(薄切り)………… 1/4本分
レタス……………………………… 1枚
トマト………………………… 1/4個(40g)
食パン(8枚切り)………………… 2枚
バター・マヨネーズ…… 各大さじ1/2
516kcal　塩分3.2g

作り方
1 チキンロールは冷蔵、冷凍ともに電子レンジで温め直す。レタスは大きめにちぎって水けをふく。トマトは薄切りにして水けをふく。
2 食パンはオーブントースターで2分焼き、それぞれ片側にバターを塗る。バターを塗った側にレタス、トマトをのせ、マヨネーズをかけてチキンをのせ、もう1枚のパンではさむ。ラップでぴっちり包んで落ち着かせ、半分に切る。

アレンジ2

卵液にくぐらせて焼きつける
チキンピカタ

材料
チキンロール(1cm厚さ)…… 1/4本分
小麦粉………………………………少量
卵……………………………… 1/2個分
塩・こしょう……………………各少量
オリーブ油………………… 大さじ1/2
294kcal　塩分2.2g

作り方
1 チキンロール(冷凍の場合は電子レンジで解凍)は、小麦粉を薄くまぶす。
2 卵はときほぐし、塩、こしょうを加えて混ぜ合わせる。
3 フライパンにオリーブ油を熱し、①を②にくぐらせて並べ入れ、両面を香ばしく焼く。

シンプルな味わいでアレンジしやすい
ゆで豚

材料
（作りやすい分量・4食分）
- 豚肩ロースかたまり肉……… 300g
- 塩…………………………… 小さじ½
- ねぎの青い部分……………… 1本分
- しょうがの薄切り…………… 3〜4枚
- 酒……………………………… ¼カップ

1食分 190kcal　塩分0.8g

作り方
1 豚肉に塩をすり込んで30分ほどおく。

2 なべに①とすべての材料を入れ、肉がかぶるくらいに水を足して火にかける。煮立ったらアクを除き、火を弱めてふたをして30分煮て、火を消してさます。

保存の仕方

冷蔵 あら熱をとり、ゆで汁ごと密封できるポリ袋などに入れて冷蔵庫で3〜4日間保存可能。ゆで汁もスープなどに使えます。

冷凍 1食分（約80g）ずつ、適当な厚さに切ってラップで包み、密封できるポリ袋に入れて冷凍庫で1か月保存可能。使うときは電子レンジで解凍してください。

Part 2 | 組み合わせ自在！おかずバリエーション

アレンジ1

加熱ずみだから、さっと焼くだけでOK
ゆで豚のカリカリ焼き

材料
ゆで豚……………………80g
さやえんどう………………4枚
あらびき黒こしょう………少量
206kcal　塩分0.8g

作り方
1 ゆで豚は薄切りにする。さやえんどうは筋を除き、斜め半分に切る。
2 フライパンを熱し、豚肉を焼きつけ、脂が出てきたらさやえんどうを加えていため合わせ、あらびき黒こしょうで味をととのえる。

アレンジ2

本格チャーハンもあっという間にできる
チャーハン

材料
ゆで豚……………………30g
小ねぎ………………………2本
ごはん……………………150g
┌ 卵……………………… 1個
└ 塩・こしょう…………各少量
塩・こしょう・しょうゆ……各少量
サラダ油…………………小さじ2
481kcal　塩分1.4g

作り方
1 ゆで豚はさいの目切りにする。小ねぎは小口切りにする。
2 卵はときほぐして塩、こしょうをし、ごはんを加えて全体を混ぜる。
3 フライパンにサラダ油を熱し、②を入れていためる。卵がごはんになじんだら、①を加えてさらにいため、塩、こしょう、しょうゆで味をととのえる。

魚おかずの味つけバリエーション

その日の給食の主菜が魚だったらお弁当は肉を、肉だったら魚をというように、バランスをとるように心がけましょう。ここでは、子どもが喜ぶ魚のおかずを紹介します。それぞれの味つけで、いろいろな魚で作ってみてください。

甘辛い味は大好き
ブリの照り焼き

材料
- ブリ……………………1切れ(80g)
- 酒………………………小さじ1
- a［しょうゆ・みりん・酒……各小さじ1
- サラダ油………………………小さじ1

255kcal　塩分1.0g

作り方
1 ブリは一口大のそぎ切りにし、酒をからめて5分ほどおく。
2 フライパンにサラダ油を熱し、①の両面を焼いて火を通し、aを加えてからめる。

トマト味は魚でも人気
カジキのトマト煮

材料
- カジキ……………………1切れ(100g)
- 塩・こしょう・小麦粉…………各少量
- さやいんげん……………………2本
- トマトの水煮缶詰め…………1/4缶(100g)
- 顆粒コンソメ……………………小さじ1/5
- 塩・こしょう……………………各少量
- オリーブ油………………………小さじ1

230kcal　塩分1.6g

作り方
1 カジキは2cm角に切って塩、こしょうをし、小麦粉をまぶす。いんげんは1cm幅の斜め切りにする。
2 フライパンにオリーブ油を熱し、カジキの両面を焼く。魚の色が変わったら、いんげんを加えてさっといため、トマトの水煮をつぶしたものとコンソメを加えて汁けが少なくなるまで煮る。塩、こしょうで味をととのえる。

みそ味はヨーグルトを加えてマイルドに
サワラの西京焼き

材料
サワラ……………………… 1切れ(80g)
みそ・プレーンヨーグルト…… 各小さじ1
149kcal　塩分0.5g

作り方
1 サワラは一口大のそぎ切りにする。
2 みそとプレーンヨーグルトを合わせ、①を入れて一晩漬ける。
3 ②のみそをぬぐい、魚焼きグリルまたはオーブントースターで焼いて火を通す。

ハーブとレモンでさっぱり味に
サケのレモンマリネ

材料
サケ………………………… 1切れ(80g)
マリネ液 ┌ ドライハーブ(タイム、オレガノ、バジルなど)
　　　　　│ ……………………………… ひとつまみ
　　　　　│ レモンの薄切り……………… 1枚
　　　　　└ 塩・こしょう………………… 各少量
オリーブ油………………………… 小さじ1
147kcal　塩分0.6g

作り方
1 サケは一口大のそぎ切りにする。レモンは半分に切る。
2 マリネ液の材料を混ぜ合わせ、①を加えて一晩漬ける。
3 フライパンにオリーブ油を熱し、②の両面を焼き、ふたをして蒸し焼きにし、火を通す。

常備しておくと便利

ゆで野菜レパートリー

お弁当の彩りに、もう1品ほしいというときに便利なのが、冷蔵庫で保存できるゆで野菜。そのまま詰めてもよいのですが、いろいろな味つけで変化させれば、レパートリーが広がります。

ブロッコリー

ブロッコリーは小房に分け、塩少量を加えた熱湯で2分ほどかためにゆで、ざるにあげて水けをきる。よくさましてからキッチンペーパーを敷いた保存容器に入れ、冷蔵庫で2〜3日保存できる。冷凍する場合は、水っぽくなるのでかためにゆで、1か月を目安に使いきる。

アレンジ1
ごま油で風味豊かに仕上げる
ブロッコリーのごま塩あえ

材料
- ゆでブロッコリー……………………40g
- あえ衣
  - すり白ごま……………………小さじ1
  - ごま油……………………小さじ1/2
  - 塩……………………ひとつまみ

50kcal　塩分0.3g

作り方
あえ衣の材料を合わせ、ブロッコリーを加えてあえる。

アレンジ2
朝ごはんにもおすすめの野菜おかず
ブロッコリーのチーズ焼き

材料
- ゆでブロッコリー……………………30g
- ピザ用チーズ……………………10g

46kcal　塩分0.2g

作り方
耐熱のアルミカップや紙カップにブロッコリーを入れ、チーズをのせてオーブントースターで2〜3分、チーズがとけるまで焼く。

Part 2 | 組み合わせ自在！おかずバリエーション

ほうれん草

ほうれん草は根元をよく洗い、塩少量を加えた熱湯に根元から入れてさっとゆで、水にとってさまし、水けをよく絞る。キッチンペーパーを敷いた保存容器に入れ、冷蔵庫で2～3日保存できる。冷凍する場合は、水っぽくなるのでかためにゆで、1か月を目安に使いきる。

アレンジ1
佃煮(つくだ煮)とあえるだけのスピードおかず
ほうれん草ののりあえ

材料
ゆでほうれん草……………………60g
のりの佃煮(市販品)…………小さじ1
17kcal　塩分0.4g

作り方
ほうれん草は食べやすい長さに切って水けをよく絞り、のりの佃煮とあえる。

アレンジ2
ベーコンの塩けと脂で味つける
ほうれん草とベーコンのソテー

材料
ゆでほうれん草…60g　ベーコン…1/2枚(10g)
塩・こしょう…各少量　オリーブ油…小さじ1
89kcal　塩分0.5g

作り方
1 ほうれん草は食べやすい長さに切って水けをよく絞る。ベーコンは5mm幅に切る。
2 フライパンにオリーブ油を熱し、ベーコンをいためて脂が出てきたら、ほうれん草を加えてさっといため、塩、こしょうで味をととのえる。

> 常備しておくと便利

ゆで野菜レパートリー

にんじん

にんじんは斜め薄切りにしてから、せん切りにし、塩少量を加えた熱湯で1～2分かためにゆで、ざるにあげて水けをきる。よくさましてからキッチンペーパーを敷いた保存容器に入れ、冷蔵庫で3～4日保存できる。冷凍する場合は、水っぽくなるのでかためにゆで、1か月を目安に使いきる。

アレンジ1
ごはんが進む野菜おかず
にんじんの搾菜あえ

材料
ゆでにんじん……………………30g
味つき搾菜（市販品）……………10g

16kcal　塩分0.7g

作り方
搾菜は短めの細切りにし、にんじんとあえる。

アレンジ2
梅干しの酸味が食欲をそそる
にんじんの梅肉あえ

材料
ゆでにんじん……………………30g
梅干し……………………………大1/2個
削りガツオ………………………ひとつまみ

15kcal　塩分0.6g

作り方
梅干しは種を除いて果肉をたたき刻み、にんじん、削りガツオとあえる。

マッシュポテト

じゃが芋は皮をむいて一口大に切り、塩少量を加えた水からゆでる。竹串がすっと通るようになったら湯を捨て、弱火にかけて水分をとばし、粉をふかせる。熱いうちにマッシャーなどであらくつぶし、よくさましてから保存容器に入れ、冷蔵庫で3～4日保存できる。冷凍する場合も同様にし、1か月を目安に使いきる。

アレンジ1
明太子はレンジでさっと加熱すると安心
マッシュポテトの明太子あえ

材料
マッシュポテト……………………………50g
明太子………………………………………10g

51kcal　塩分0.7g

作り方
明太子は薄皮を除き、マッシュポテトと混ぜ合わせる。ラップをして電子レンジ（600W）で30秒～1分加熱し、明太子に火を通す。

アレンジ2
味の濃い主菜に合わせるのがおすすめ
マッシュポテトの青のりあえ

（14ページに掲載）

材料
マッシュポテト……………………………50g
青のり………………………………小さじ1/4

38kcal　塩分0.2g

作り方
マッシュポテトと青のりを混ぜ合わせる。

シリコンカップで作る副菜

シリコンカップは、おかずの仕切りとして使うだけではなく、耐熱性があり、電子レンジやオーブンにかけられるので調理にも使えます。特にお弁当には、1食分のおかずを作ってそのままお弁当に詰められるので便利です。

さます間に味がしみ込む
にんじんとツナのサラダ

材料
- にんじん……3cm(40g)
- 砂糖………少量
- ツナ油漬け缶詰め………小さじ1
- フレンチドレッシング………小さじ1

50kcal　塩分0.2g

作り方
1 にんじんはせん切りにし、砂糖をまぶしてもむ。
2 シリコンカップに①と汁けをきったツナを入れ、ふんわりとラップをして、電子レンジ(600W)で30秒加熱する。ドレッシングであえ、さます。

(51ページに掲載)

ほんのり甘い、やさしい味わい
かぼちゃとレーズンのバター煮

材料
- かぼちゃ………40g
- レーズン…大さじ½
- 顆粒コンソメ…少量
- バター………小さじ1
- 水…………大さじ1

85kcal　塩分0.3g

作り方
1 かぼちゃは薄めのいちょう切りにする。
2 シリコンカップにすべての材料を入れ、ふんわりとラップをして電子レンジ(600W)で1分加熱し、全体を混ぜる。

(55ページに掲載)

豆類のおかずも重宝する
ミックスビーンズのカレーマヨサラダ

材料
- ミックスビーンズ(水煮)………40g
- a [マヨネーズ…小さじ1
     カレー粉………少量]

90kcal　塩分0.1g

作り方
シリコンカップにミックスビーンズを入れ、ふんわりとラップをして電子レンジ(600W)で30秒加熱し、aを加えてあえる。

緑の彩りがほしいときに便利
ピーマンの塩こんぶあえ

材料
ピーマン
　………1個(30g)
塩こんぶ………3g

10kcal　塩分0.5g

作り方
　ピーマンは横にせん切りにしてシリコンカップに入れ、ふんわりとラップをして電子レンジ(600W)で30秒加熱し、塩こんぶとあえる。

(45ページに掲載)

甘ずっぱいおかずはアクセントになる
白菜の甘酢あえ

材料
白菜………………30g
a ┌ すし酢(市販品)
　│　………小さじ1
　│ とうがらし(小口切り)
　└ ・ごま油……各少量

21kcal　塩分0.3g

作り方
　白菜はざく切りにしてシリコンカップに入れ、ふんわりとラップをして電子レンジ(600W)で30秒加熱し、aを加えてあえる。

食物繊維がしっかりとれる
きのこの梅肉あえ

材料
しめじ・えのきたけ
　………合わせて30g
梅干し…大1/4個(2.5g)

7kcal　塩分0.3g

作り方
1 しめじはほぐし、えのきたけは2cm長さに切る。
2 梅干しは種を除き、果肉を刻む。
3 シリコンカップに①を入れ、ふんわりとラップをして電子レンジ(600W)で30秒加熱し、②を加えてあえる。

(43ページに掲載)

シリコンカップで保存しておくと便利なおかず

シリコンカップは耐冷性も高いので、時間があるときにおかずをまとめ作りして、1食分ずつカップに詰めて冷凍しておけば、お弁当作りはぐんと楽になります。

定番の根菜のおかず
きんぴら

1食分　41kcal　塩分0.5g

材料
（作りやすい分量・4食分）
ごぼう…………100g
にんじん……1/2本(90g)
a ┌ とうがらし（種をとる）
　│　　　………1本
　│ だし………1/4カップ
　│ しょうゆ・みりん
　└ 　………各小さじ2
ごま油………小さじ2

作り方
1 ごぼうとにんじんはせん切りにする。
2 フライパンにごま油を熱し、①をいためる。全体に油がまわったらaを加え、汁けが少なくなるまで煮る。

焼くところまで仕上げて冷凍しておく
なすのピザ風

1食分　138kcal　塩分0.7g

※シリコンカップはオーブントースターでは使用できません。耐熱皿で作ったあと、シリコンカップに入れてください。

材料
（作りやすい分量・2食分）
なす………2本(160g)
ピザ用ソース…大さじ2
ピザ用チーズ………30g
塩・こしょう……各少量
オリーブ油……大さじ1

作り方
1 なすは半月切りにして水にさらし、水けをよくふく。
2 フライパンにオリーブ油を熱し、①をよくいため、塩、こしょうで下味をつける。
3 耐熱皿に②を入れてピザ用ソースをかけ、チーズをのせてオーブントースターで5分ほど、焼き色がつくまで焼く。

食物繊維が豊富で低カロリーなおかず
きのこのチーズいため

1食分　40kcal　塩分0.3g

材料
（作りやすい分量・4食分）
生しいたけ……2枚(30g)
マッシュルーム
　………4個(60g)
エリンギ（小）…2本(80g)
粉チーズ………小さじ2
塩・あらびき黒こしょう
　………各少量
オリーブ油……大さじ1

作り方
1 しいたけ、マッシュルームは薄切りに、エリンギは短冊切りにする。
2 フライパンにオリーブ油を熱し、①をよくいためる。全体にしんなりしてきたら粉チーズを加えていため合わせる。塩で味をととのえ、あらびき黒こしょうをふる。

食物繊維、鉄、カルシウムがとれる
切り干し大根煮

材料
(作りやすい分量・2食分)
- 切り干し大根……20g
- にんじん…1/4本(45g)
- 油揚げ…1/2枚(15g)
- だし…………1カップ
- a [みりん・酒……各大さじ1/2
    しょうゆ…小さじ2]

作り方
1. 切り干し大根は水につけてもどし、水けを絞って食べやすい長さに切る。
2. にんじんは太めのせん切りにする。油揚げは熱湯をまわしかけ、短冊切りにする。
3. なべに①、②、だしを入れて火にかけ、煮立ったらaを加え、切り干し大根がふっくらとするまで煮込む。

1食分　77kcal　塩分1.1g
(39ページに掲載)

洋風おかずの副菜として便利
ラタトゥイユ

材料
(作りやすい分量・4食分)
- なす………1本(80g)
- パプリカ(赤・黄)……各1/4個(30g)
- 玉ねぎ……1/4個(50g)
- にんにく………1かけ
- トマトの水煮缶詰め……1/4缶(100g)
- トマトケチャップ……大さじ1
- 塩・こしょう…各少量
- オリーブ油…大さじ1/2

作り方
1. なすとパプリカは小さめの乱切りに、玉ねぎは1cm角に切る。にんにくはつぶす。
2. なべにオリーブ油、にんにく、玉ねぎを入れて弱火でいため、玉ねぎがしんなりしたら、なす、パプリカを加えていためる。全体がしんなりしたら、トマトの水煮をつぶしたものとケチャップを加え、汁けが少なくなるまで煮る。塩、こしょうで味をととのえる。

1食分　38kcal　塩分0.4g
(14、46ページに掲載)

カルシウムがしっかりとれる
ひじき煮

材料
(作りやすい分量・8食分)
- 芽ひじき(乾)……20g
  (水煮の場合は100g)
- にんじん……3cm(40g)
- 大豆(ドライパック)………100g
- 油揚げ……1枚(30g)
- 煮汁 [だし………3/4カップ
  しょうゆ・みりん……各大さじ2
  砂糖…大さじ1 1/2
  酒……大さじ1]
- サラダ油……小さじ2

作り方
1. ひじきは水につけてもどす。にんじんは太めのせん切りにする。油揚げは熱湯をまわしかけ、短冊切りにする。
2. なべにサラダ油を熱し、ひじきとにんじんをいためる。にんじんがしんなりしたら、大豆、油揚げを加えてさっといため、煮汁の材料を加える。煮立ったら落としぶたをして、汁けが少なくなるまで煮る。

1食分　62kcal　塩分0.8g
(16、34ページに掲載)

まとめて作ったおかずを1食分ずつシリコンカップに入れ、密封容器に入れて冷凍保存します。お弁当に詰めるときは、電子レンジで加熱して解凍してください。

栄養のバランスがとれる彩りおかず

栄養のバランスがとれ、彩りにも便利な副菜を紹介します。日ごろからよく使う野菜で、さっと作れるものばかりです。

食物繊維がしっかりとれる
竹の子のこしょういため

材料
竹の子（水煮）……………………50g
塩・あらびき黒こしょう……各少量
オリーブ油………………小さじ1

48kcal　塩分0.3g

作り方
1 竹の子は5mm厚さのうす切りにする。
2 フライパンにオリーブ油を熱し、①を入れて両面を香ばしく焼き、塩で味をととのえ、あらびき黒こしょうをふる。

たんぱく質、炭水化物、ビタミンB群がとれる
とうもろこしのしょうゆバター焼き

材料
ゆでとうもろこし（45ページ）
　………………………… 4cm（30g）
バター・しょうゆ……各小さじ½

※生とうもろこしの場合は、ラップでぴっちり包み、1本につき電子レンジ（600W）で4分加熱し、蒸らしたものを使う。

45kcal　塩分0.5g

作り方
1 とうもろこしは半分に切る。
2 フライパンにバターを熱し、バターがとけかけたら①を入れて焼く。全面が焼けたら、しょうゆをまわし加えてからめる。

β-カロテン、カルシウムがとれる
いんげんのピカタ

材料
- さやいんげん………… 5本(35g)
- 塩・こしょう・小麦粉…… 各少量
- 卵………………………… 1/2個分
- 粉チーズ………………… 小さじ1
- オリーブ油……………… 大さじ1/2

117kcal　塩分0.5g

作り方
1. いんげんはラップで包み、電子レンジ(600W)で30秒加熱する。
2. 卵はほぐし、粉チーズを加えて混ぜる。
3. いんげんに塩、こしょうをし、小麦粉をまぶす。
4. フライパンにオリーブ油を熱し、③を5本まとめて②に入れ、よくからめて流し入れる。卵にしっかり火が通るまで両面を焼く。3〜4等分に切る。

(40ページに掲載)

ねぎにはビタミンB₁の吸収を促す成分が豊富
ねぎと油揚げの塩いため

材料
(作りやすい分量・4食分)
- ねぎ……………………… 1本(100g)
- 油揚げ…………………… 1/2枚
- 塩・あらびき黒こしょう……… 少量
- ごま油…………………… 小さじ1

1食分　29kcal　塩分0.2g

作り方
1. ねぎは斜め薄切りにする。油揚げは熱湯をかけ、短冊切りにする。
2. フライパンにごま油を熱し、ねぎをいためる。しんなりしてきたら油揚げを加えてさらにいため、塩で味をととのえ、あらびき黒こしょうをふる。お弁当には1/4量を詰め、残りは1食分ずつシリコンカップなどに入れ、冷凍保存する。

ビタミンEが豊富な野菜の代表格
かぼちゃ煮

（37ページに掲載）

材料
（作りやすい分量・3食分）
かぼちゃ……………………1/8個（200g）
煮汁 ⌈ 水……………………………1/2カップ
　　 ⌊ めんつゆ（92ページ）……大さじ1

1食分　65kcal　塩分0.3g

作り方
1 かぼちゃは種とわたを除き、皮のところどころをむいて2cm角に切る。
2 なべに①と煮汁を入れて火にかけ、煮立ったら紙の落としぶたをして、汁けが少なくなるまで煮る。お弁当には1/3量を詰め、残りは1食分ずつシリコンカップなどに入れ、冷凍保存する。

β-カロテンが豊富。
油といっしょにとると吸収率もアップ
青梗菜の
オイスターソースいため

材料
青梗菜……………………1/2株（50g）
a ⌈ オイスターソース・酒・水
　 　………………………各小さじ1
　 ｜ 鶏がらだしのもと……………少量
　 ⌊ かたくり粉……………ひとつまみ
サラダ油…………………………小さじ1

52kcal　塩分1.2g

作り方
1 青梗菜は軸は縦に3cm長さの棒状に切り、葉はざく切りにする。
2 フライパンにサラダ油を熱し、青梗菜の軸をいためる。油がまわったら葉を加えてさらにいため、よく混ぜ合わせたaをまわし加え、全体にからむようにいためる。

ミックスビーンズは食物繊維が豊富。
彩りにもよい
豆サラダ

材料
ミックスビーンズ(水煮)……………50g
ツナ油漬け缶詰め…………………20g
フレンチドレッシング……小さじ2

171kcal　塩分0.5g

作り方
　ミックスビーンズは耐熱容器に入れてラップをし、電子レンジ(600W)で30秒加熱し、汁けをきったツナを加えて混ぜ合わせ、ドレッシングであえる。

長芋は消化促進に役立つ食材
長芋のソースいため

材料
長芋………………………… 5cm(90g)
ウスターソース……………小さじ1
サラダ油……………………小さじ1
青のり………………………少量

103kcal　塩分0.5g

作り方
1 長芋は棒状に切る。
2 フライパンにサラダ油を熱し、①を香ばしくいため、ウスターソースを加えて全体にからめる。青のりをふる。

味つけが決まる！
万能だれ＆おかずバリエーション

おかず作りで味つけに迷わなくなれば、効率はぐんとアップします。素材を選ばず、煮物やいため物、あえ物の味つけにと万能に使えるたれを2種類紹介します。まとめて作って冷蔵庫に入れておけば、ふだんの料理にも使えて便利です。

味つけに変化をつけたいときに大活躍する
ごまみそだれ

材料
（作りやすい分量）
練りごま・砂糖
　…………各大さじ3
みそ・だし
　…………各大さじ2
うす口しょうゆ
　……………大さじ1

大さじ1　44kcal　塩分0.7g

作り方
　すべての材料を混ぜ合わせる。保存容器に入れて冷蔵庫で1週間保存可能。

万能だれ

いため物の味つけに
なすとピーマンのみそいため

材料
なす……………………1/2個(40g)
ピーマン………………1個(30g)
ごまみそだれ…………大さじ1/2
サラダ油………………小さじ1

74kcal　塩分0.3g

作り方
1 なすとピーマンはそれぞれ小さめの乱切りにする。
2 フライパンにサラダ油を熱し、①をいためる。しんなりしてきたら、ごまみそだれを加えて全体にからめながらいためる。

のせて焼くだけで1品完成
サバのごまみそ焼き

材料
サバ……………………1切れ(80g)
ごまみそだれ…………小さじ2

191kcal　塩分0.8g

作り方
1 サバは一口大のそぎ切りにする。
2 オーブントースターの天板にオーブンシートを敷き、①を並べてごまみそだれをかけ、5分ほど焼く。

味つけが決まる！
万能だれ＆おかずバリエーション

だしをきかせられるのは自家製ならでは！
めんつゆ

材料
（作りやすい分量）
しょうゆ・みりん・酒
　………各1 1/4カップ
干ししいたけ…2〜3枚
こんぶ(10cm長さ)…1枚
削りガツオ(だし用)
　………………30g

※こしたあとの干ししいたけやこんぶ、削りガツオは佃煮などにするとよい。

大さじ1　12kcal　塩分0.8g

作り方
1 なべにすべての材料を入れて3〜4時間おく。
2 ①を火にかけ、煮立ったら火を消してさまし、ざるでこす。保存びんに入れて冷蔵庫で1か月保存可能。

万能だれ

水で薄めればいろいろな煮物の煮汁にもなる
竹の子の土佐煮

材料
（作りやすい分量・3食分）
竹の子（水煮）……………120g
めんつゆ………………小さじ2
削りガツオ…………1/2袋(2.5g)

1食分　14kcal　塩分0.2g

作り方
1 竹の子は小さめの乱切りにする。
2 なべに①とめんつゆを入れて火にかけ、煮立ったら火を弱め、汁けが少なくなるまで煮て、削りガツオを加えて混ぜ合わせる。残った分は、冷凍庫で2週間保存可能。

ほんのりと甘い絶妙な味つけも思いのまま
卵焼き

材料
（作りやすい分量・2食分）
卵……………………………3個
めんつゆ………………大さじ1
水………………………大さじ2
サラダ油……………………適量

1食分　137kcal　塩分0.7g

作り方
1 卵はときほぐし、めんつゆ、水を加えて混ぜ合わせる。
2 卵焼き器を熱して油を薄く引き、①を3回に分けて流し入れては巻き、卵焼きを作る。残った分は、冷凍庫で2週間保存可能。

料理索引と1人分の栄養価一覧表

本書で紹介した料理の1人分あるいは1食分の栄養成分値と、掲載ページです。

食材名	料理名	エネルギー(kcal)	塩分(g)	たんぱく質(g)	脂質(g)	炭水化物(g)	掲載ページ
主菜●肉のおかず							
牛肉	牛肉のねぎ塩焼き	191	0.3	15.6	13.0	0.8	65
	チンジャオロースー	250	1.6	17.3	16.8	6.1	28
	牛肉のしぐれ煮	306	1.1	13.4	22.9	9.4	68
	牛肉のトマト煮	333	1.9	14.2	23.3	14.2	69
豚肉	ゆで豚	190	0.8	12.8	14.4	0.1	74
	ゆで豚のカリカリ焼き	206	0.8	14.0	15.4	0.8	75
	豚カツ	227	1.0	19.8	10.9	10.5	21
	麻婆豆腐	228	1.3	13	15.2	8.3	37
	豚肉のしょうが焼き	243	1.9	16	17.4	3.9	27
	オクラの肉巻き	284	1.2	17.2	19.6	7.6	33
鶏肉	塩鶏つくね	181	1.2	16.8	10.6	2.9	34
	チキンロール	184	1.8	12.9	12.0	5.1	72
	鶏肉のしょうが焼き	191	1.4	13.5	13.2	3.6	67
	鶏肉のねぎ塩焼き	236	1.3	13	19.2	0.7	23
	鶏肉のから揚げ	275	1.1	12.7	19.5	9.8	25
	ささ身のチーズはさみカツ	283	1.1	23.3	16.4	8.3	64
	チキンピカタ	294	2.2	16.3	20.7	8.6	73
合いびき肉	ハンバーグ（小）	104	0.2	7.4	7.1	1.8	70
	ハンバーグ（大）	209	0.4	14.9	14.1	3.5	70
	ピザ風ハンバーグ	275	0.9	19	18.9	4.8	71
主菜●魚介のおかず							
エビ	エビのチリソース煮	143	1.8	18.1	5.3	4.5	43
	卵とエビのねぎ塩いため	175	0.8	23.5	7.8	0.7	65
	エビフライ	178	1.2	14.3	8.1	10.5	46
	エビカツ	197	0.8	13.2	10.5	11.5	64
カジキ	カジキの甘酢	159	1.4	23.2	4.2	5.3	45
	カジキのトマト煮	230	1.6	20.1	11.1	11.1	76
カツオ	カツオのピリ辛焼き	155	1.5	21.1	5.5	3.7	40
	カツオのしょうが焼き	163	1.4	20.5	7.0	3.7	67
サケ	サケのレモンマリネ	147	0.6	17.9	7.3	0.8	77
	サケの磯辺焼き	162	1.6	16.2	8.9	4.0	39
	サケのから揚げ	185	1.5	18.6	8.9	6.2	66
サバ	サバのごまみそ煮	191	0.8	17.4	11.6	2.8	91
	サバのから揚げ カレー風味	245	1.6	17.5	15.4	7.2	66
サワラ	サワラの西京焼き	149	0.5	16.5	8.0	0.9	77
ブリ	ブリの照り焼き	255	1.0	17.6	18.1	3.8	76
主菜●卵のおかず							
卵	うずらの卵（3個）	55	0.2	3.3	4.2	0.2	46
	卵焼き	137	0.7	9.5	9.7	1.8	93
	牛肉入り卵焼き	161	0.5	9.5	11.9	2.5	69
	卵とエビのねぎ塩いため	175	0.8	23.5	7.8	0.7	65
副菜●野菜、きのこ、芋、豆、乾物のおかず							
アスパラガス	アスパラののり塩あえ	20	0.3	1.4	1.1	1.9	27
枝豆	塩ゆで枝豆	14	0.3	1.2	0.6	0.9	23
かぼちゃ	かぼちゃ煮	65	0.3	1.4	0.2	14.8	37、88
	かぼちゃの素揚げ	78	0	1.0	3.7	10.3	25
	かぼちゃとレーズンのバター煮	85	0.3	1.0	3.4	13.3	55、82
きのこ	きのこの梅肉あえ	7	0.3	0.8	0.1	2.2	43、83
	きのこのチーズいため	40	0.3	1.8	3.5	2.2	84
キャベツ	キャベツコールスロー	59	0.2	0.9	4.5	4.3	27
きゅうり	きゅうりの酢の物	13	0.5	0.5	0.6	1.8	39
切り干し大根	切り干し大根煮	77	1.1	2.9	2.6	11.9	39、85
ごぼう	きんぴら	41	0.5	0.9	1.1	7.7	84
さつま芋	蒸しさつま芋	66	0	0.6	0.1	15.8	39
	さつま芋フライ	80	0	0.6	1.6	15.8	46
	さつま芋のレモン煮	94	0.3	0.9	0.1	22.7	23
さやいんげん	いんげんのごまみそあえ	26	0.2	1.3	1.0	3.8	34
	いんげんのピカタ	117	0.5	4.7	9.3	3.2	40、87
じゃが芋	マッシュポテトの青のりあえ	38	0.2	0.8	0.1	8.9	81
	マッシュポテトの明太子あえ	51	0.7	2.9	0.4	9.1	81
	粉ふき芋	53	0.2	1.1	0.1	12.3	28
	チーズ粉ふき芋	56	0.2	1.3	0.2	12.3	21
セロリ	セロリのサラダ	38	0.3	0.5	3.2	2.0	31
大根	大根とにんじんのなます	35	0.4	0.9	1.5	5.2	25
竹の子	竹の子の土佐煮	14	0.2	1.6	0.1	2.3	93
	竹の子のこしょういため	48	0.3	1.4	4.1	2.0	86

食材名	料理名	エネルギー(kcal)	塩分(g)	たんぱく質(g)	脂質(g)	炭水化物(g)	掲載ページ
青梗菜	青梗菜の磯辺あえ	10	0.8	1.0	0.1	1.9	43
	青梗菜のオイスターソースいため	52	1.2	0.9	4.1	3.0	88
とうもろこし	ゆでとうもろこし	28	0	1.1	0.5	5.0	45
	とうもろこしのしょうゆバター焼き	45	0.5	1.3	2.1	5.3	86
トマト	ミニトマト（2個）	9	0	0.3	0	2.2	33
	カプレーゼ	109	0.9	7.8	7.0	4.9	49
長芋	長芋のソテー	51	0.3	1.1	2.2	7.0	33
	長芋のソースいため	103	0.5	2.1	4.3	14.4	89
なす	ラタトゥイユ	38	0.4	0.8	1.6	5.6	46、85
	レンジ蒸しなすのポン酢あえ	40	0.5	1.2	2.1	4.8	28
	なすとピーマンのみそいため	74	0.3	1.4	5.5	5.5	91
	なすのピザ風	138	0.7	5.0	10.8	5.4	84
にんじん	にんじんの梅肉あえ	15	0.6	0.6	0.1	3.2	80
	にんじんの搾菜あえ	16	0.7	0.4	0.3	3.0	80
	にんじんしりしり	39	0.2	1.5	2.3	3.2	31
	にんじんとツナのサラダ	50	0.2	1.1	3.2	4.2	51、82
ねぎ	ねぎと油揚げの塩いため	29	0.2	0.8	2.1	1.9	87
白菜	白菜の甘酢あえ	21	0.3	0.3	1.1	2.7	83
パプリカ	パプリカの素揚げ	12	0	0.1	1.0	0.7	21
ピーマン	ピーマンの塩こんぶあえ	10	0.5	0.8	0.1	2.6	45、83
ひじき	ひじき煮	62	0.8	3.0	3.1	7.1	34、85
ブロッコリー	ゆでブロッコリー	23	0.1	1.3	1.6	1.6	25
	ブロッコリーのチーズ焼き	46	0.2	3.9	2.9	1.8	78
	ブロッコリーのごま塩あえ	50	0.3	2.3	3.8	2.6	78
ほうれん草	ほうれん草ののりあえ	17	0.4	2.3	0.3	3.3	79
	ほうれん草のお浸し	19	0.4	2.1	0.3	2.8	21
	ほうれん草のポン酢ごまあえ	34	0.5	1.9	2.1	2.8	53
	ほうれん草とベーコンのソテー	89	0.5	2.6	8.2	1.9	79
ミックスビーンズ	ミックスビーンズのカレーマヨサラダ	90	0.1	3.8	3.5	10.7	82
	豆サラダ	171	0.5	8.1	9.3	13.5	89
もやし	もやしのナムル	67	0.9	3.7	4.7	2.8	37
主食●おにぎり、ごはん、パン、めん類							
おにぎり	梅おかかおにぎり	174	0.7	3.5	0.4	37.6	58
	おかかじょうゆおにぎり	184	0.7	3.7	1.3	37.5	58
	にんじん鶏そぼろおにぎり	209	0.5	5.8	2.1	39.9	59
	サケおにぎり	230	0.7	9.2	3.9	37.3	58
	肉そぼろおにぎり	245	1.0	8.5	4.8	39.5	59
	サバそぼろおにぎり	259	1.1	11.1	5.3	39.3	59
	エビフライおにぎり	315	0.9	8.5	3.1	60.1	57
	鶏肉の照り焼きおにぎり	326	1.0	8.9	5.3	57.7	57
	豚カツおにぎり	332	0.8	10.4	4.1	60.1	57
	鶏肉のから揚げおにぎり	344	0.6	8.0	7.0	58.9	57
	肉巻きおにぎり	517	1.9	14.3	22.6	59.6	31
ごはん	ごはん（150g）	252	0	3.8	0.5	55.7	25
	雑穀ごはん（200g）	334	0	6.2	1.2	71.1	34、40
	胚芽精米ごはん（200g）	334	0	5.4	1.2	72.8	43
	ごはん（200g）	336	0	5.0	0.6	74.2	28、37、39、46
	オムライス	452	1.9	7.8	15.9	67.0	55
	チャーハン	481	1.4	15.4	19.4	56.6	75
パン	ホットドッグ	321	1.8	11.2	17.6	29.7	49
	照り焼きチキンサンド	516	3.2	21.8	25.2	49.5	73
	ハンバーガー	527	1.9	22.9	23.5	49.7	71
	ビーフサンド	568	2.4	21.8	29.1	52.1	51
めん	塩焼きそば	436	2.1	20.2	10.9	61.7	53
くだもの							
	いちご（60g）	20	0	0.5	0.1	5.1	51
	オレンジ（1/2個）	27	0	0.7	0.1	6.9	27、49
	柿（1/4個）	30	0	0.2	0.1	8.0	33
	キウイフルーツ（1個）	48	0	0.9	0.1	12.2	25
	グレープフルーツ（1/2個）	49	0	1.2	0.1	12.5	55
	グレープフルーツ（1/3個）	30	0	0.7	0.1	7.7	37、46
	なし（1/4個）	22	0	0.2	0.1	5.7	28
	パイナップル（80g）	41	0	0.5	0.1	10.7	53
	干しあんずのレモン煮	47	0	0.8	0	11.9	40
	マンゴー（50g）	32	0	0.3	0.1	8.5	23
	みかん（1個）	41	0	0.5	0.1	10.7	21
	りんご（1/6個）	22	0	0.1	0	5.8	31

牧野直子（まきのなおこ）

料理家・管理栄養士。
有限会社スタジオ食代表。女子栄養大学栄養学部卒業。女子栄養大学生涯学習講師。日本肥満学会会員、日本食育学会会員・評議員。
健康な体を作るには、正しい食習慣を身につけることがたいせつという観点から、日常にとり入れやすい簡単でヘルシーな料理を提案し、その指導のわかりやすさに定評がある。雑誌や書籍、テレビ出演、講演、栄養相談などで活躍。息子さんの受験を塾弁でサポートした体験をもとに、本書では多くのレシピを紹介している。おもな著書に『エネルギー早わかり』『塩分早わかり』『コレステロール・食物繊維早わかり』『減塩のコツ早わかり』『腎臓病の食品早わかり』(すべて女子栄養大学出版部)をはじめ、『子どもがダイエットに一生悩まなくなる食事法』(KADOKAWA)などがある。

staff
撮影／竹内章雄
デザイン／濱田悦裕、常盤直生 (FAT'S)
イラスト／ハマダルコラ
調理アシスタント／徳丸美沙 (スタジオ食)
栄養価計算／徳丸美沙、帆苅みづき (スタジオ食)
編集協力／WILL、石田純子

本番まで風邪をひかない！
元気塾弁

2012年11月10日　初版第1刷発行
2019年5月30日　初版第3刷発行

著者　牧野直子
発行者　香川明夫
発行所　女子栄養大学出版部
〒170-8481　東京都豊島区駒込3-24-3
電話　03-3918-5411 (営業)　03-3918-5301 (編集)
振替　00160-3-84647

印刷・製本　大日本印刷株式会社

乱丁本・落丁本はお取り替えいたします。
本書の内容の無断転載・複写を禁じます。
また、本書を代行業者等の第三者に依頼して電子複製を行うことは、一切認められておりません。

ISBN978-4-7895-4742-0
©Naoko Makino 2012,Printed in Japan